LA SAINTE LIGUE,

ou

LA MOUCHE.

—

TOME PREMIER.

IMPRIMERIE DE A. BARBIER,
RUE DES MARAIS S.-G. N. 17.

LA
SAINTE LIGUE,

OU

LA MOUCHE,

POUR SERVIR DE SUITE AUX ANNALES DU FANATISME,
DE LA SUPERSTITION ET DE L'HYPOCRISIE.

PAR PIGAULT-LEBRUN,

MEMBRE DE LA SOCIÉTÉ PHILOTECHNIQUE.

TOME PREMIER.

PARIS,
J. N. BARBA, ÉDITEUR,
GALERIE DE CHARTRES, DERRIÈRE LE THÉATRE FRANÇAIS.
G.-E. BARBA FILS, ÉDITEUR,
RUE DE SEINE, N. 33.

1829.

AVIS AU LECTEUR,

INTRODUCTION,

PRÉFACE, CE QUE L'ON VOUDRA,

ET CE QUI AURA LE MÉRITE D'ÊTRE COURT.

Je n'ai jamais aimé les romans historiques; je ne les crois propres qu'à égarer le lecteur. Quelques soins que prennent les auteurs, ils offrent presque toujours au public un mélange de fable et d'histoire plus que difficile à démêler.

Tous mes principaux personnages

sont historiques; ce que je leur fais faire d'essentiel l'est aussi : tout cela se fond dans des fictions qui rendent la vérité méconnaissable. Voilà un grand trait de ressemblance entre moi et mes devanciers! Mais je veux avoir sur eux l'avantage de la bonne foi. Voulez-vous connaître les règnes de Henri III et de Henri IV? consultez mon libraire, Barba; il vous conseillera de lire mon Histoire de France (1); il vous en garantira la véracité et l'impartialité.

---

(1) HISTOIRE DE FRANCE, depuis le commencement de la monarchie jusqu'au règne d'Henry IV, inclusivement; avec cette épigraphe : *la vérité, toute la vérité, rien que la vérité;* par Pigault-Lebrun. 8 vol. in-8 de 600 pages chacun. *Prix* 48 francs.

LA SAINTE LIGUE,

ou

LA MOUCHE.

CHAPITRE PREMIER [1].

Mon héros entre en scène.

C'était un homme bien recommandable, qu'Antoine de Mouchy ! Docteur de Sorbonne, professeur de théologie, science positive comme les

---

[1] Je préviens les lecteurs que j'ai mis en français moderne les mémoires de la Mouche.

mathématiques ; chanoine et grand pénitencier de Noyon, il parut avec éclat au concile de Trente, qui dura dix-huit ans pour l'édification des fidèles ; il plaida au colloque de Poissy, contre Théodore de Bèze, qui avait plus d'esprit que lui, et dont la grâce le fit triompher ; il fut un des juges d'Anne du Bourg, qu'il eut l'honneur de faire brûler vif. Ce coquin de conseiller au parlement était fidèle au roi, et avait des opinions qui sentaient l'hérésie. Mouchy faisait tout, et faisait tout bien. Mais ce qui mit le comble à sa gloire, ce qui doit faire passer son nom à la dernière postérité, c'est qu'il fut nommé inquisiteur en France pour la foi. Avec quel zèle, quelle intelligence il remplit ses augustes fonctions ! Ce fut lui qui créa cette classe d'hommes si rusés, si adroits, si utiles, qui se répandaient partout, et qui partout cherchaient des huguenots. Il suffisait qu'on trouvât chez un particulier un livre qui ne fût pas approuvé de la Sorbonne, pour qu'il fût livré à la sainte Inquisition. O le bon temps!

Le peuple français a toujours aimé, dit-on, les allusions, les applications, et peut-être les aimera-t-il long-temps. Il nomma mouches ou mouchards, du nom de Mouchy, les hommes recommandables que l'inquisiteur employait contre les hérétiques. Ces mouches étaient et sont encore honorés dans la proportion des services éminens qu'ils rendent à la religion. Mais le Français est si léger, si changeant, si peu réfléchi, qu'il est possible que ce titre honorifique devienne une injure. Il me semble que, depuis la suppression de l'inquisition en France, les mouches passés au service du gouvernement ont perdu quelque chose de leur considération, et cela est très-malheureux.

Antoine de Mouchy avait toutes les qualités possibles, ainsi que nous venons de le voir; il avait même un point de ressemblance marquant avec les grands rois David et Salomon. Perrette du Flos lui donna un descendant, auquel le modeste Mouchy n'osa donner son nom, et à qui il fit prendre celui de sa mère.

La vérité perce toujours, quelques efforts que fasse l'humilité pour la voiler. Jacques du Flos avait à peine trois ans, que, lorsqu'il se promenait dans les rues d'Étampes avec mademoiselle sa mère, on le saluait jusqu'à terre, pour honorer dans sa petite personne les vertus éminentes de son auguste père. Pour comble d'égards, et même de respect, on lui en donna le nom, et alors les dénominations populaires se maintenaient en dépit des savans.

Antoine de Mouchy sentait les avantages inappréciables de la science. C'est à sa profonde érudition qu'il avait dû sa promotion à la dignité d'inquisiteur, et il est beau de marcher l'égal des rois, et même de les diriger, sous des formes polies, familières aux gens bien élevés.

David avait désigné pour son successeur son fils et celui de Bethsabée; ainsi Antoine de Mouchy voyait dans son petit Jacques un prêtre futur, peut-être un cardinal, pourquoi pas un pape? L'ambition, quand elle est louable, est un mérite de plus. A huit ans, Jacques savait un peu lire; à douze, il commençait à écrire; à seize, il entendait assez bien le latin du bréviaire. Pour le préparer à entrer dans les ordres, son père lui faisait inspirer, par un vicaire de paroisse, une haine invétérée contre les huguenots. Jacques, pour s'occuper d'une manière utile, et honorable à la fois, se fit *mouche*, en attendant mieux.

Les deux cinquièmes des habitans d'Étampes étaient huguenots. Depuis la paix de Sens ils vivaient paisiblement, ne se mêlaient pas des affaires des autres, et faisaient du bien quand l'occasion se présentait. Leurs concitoyens les catholiques ne les persécutaient pas ; tolérance très-coupable sans doute ! Cependant on enlevait tous les jours quelque huguenot, et Jacques fut soupçonné. On cessa de le saluer, et bientôt un bâton de bois de cormier lui apprit qu'il est des vertus dangereuses. Il devait persévérer dans sa louable conduite, et obtenir la couronne du martyre, que je souhaite à tous mes lecteurs, si j'en ai; mais le bois de cormier changea tout-à-fait sa vocation.

L'abbesse d'un couvent de Visitandines d'Étampes se foula un poignet, en châtiant, un peu vigoureusement, une de ses religieuses. Une malade de cette importance ne pouvait être traitée par un frater ordinaire. On envoya la coche (1) du monastère à Ambroise Paré, chirurgien célèbre, que les rois Henri II et Charles IX s'étaient attaché, et qui était alors au service de Henri III.

Paré guérit l'auguste malade, et Jacques pensa qu'il valait mieux soulager des êtres souffrans, que les faire brûler, ce qui est rigoureusement vrai

---

(1) On trouve à la bibliothèque de l'Arsenal des lettres de Henry IV à Gabrielle. Dans une de ces lettres, il lui dit : Je vous enverrai *ma* coche.

à l'égard des catholiques, mais ce qui n'est pas admissible envers les huguenots. Il est évident que cette opinion de Jacques était une hérésie prononcée; mais son respectable père ne le poursuivit pas. Je blâmerais sa faiblesse s'il n'était pas mon aïeul. L'exemple d'Abraham et de Jephté eût pu l'entraîner; mais sommes-nous toujours nous-mêmes? D'ailleurs, c'est à cette faiblesse que je dois l'existence, et je ne dois pas la condamner.

Jacques fut étonné, confondu, émerveillé des talens d'Ambroise Paré. Il fit une cour assidue à l'homme célèbre, pendant le traitement de madame l'abbesse. Il avait une jolie figure, de l'esprit, de l'activité, et l'amour du travail. Paré le prit avec lui, et le conduisit à Paris.

Après quelques années d'application,

Jacques coupait très-proprement un bras ou une jambe. L'amour de la patrie parle toujours à un cœur bien placé. Jacques revint à Étampes, et il y fit des cures merveilleuses, sans s'informer de quelle secte étaient ses malades.

Il avait vingt-deux ans, et le célibat, le plus pur des états sans doute, ne convient pas toujours à cet âge. Il vit Madeleine Tournu, fille d'un apothicaire, qui plaçait des remèdes de toute espèce avec une dextérité étonnante. Jacques avait quelquefois besoin de son ministère, et le besoin rapproche les hommes. Madeleine n'avait pas plus de goût pour le célibat que Jacques. L'apothicaire fut flatté de l'alliance d'un chirurgien de mérite. Le mariage fut arrêté, célébré, et cœtera.

La preuve la plus certaine qu'il n'est

pas bon que l'homme soit seul, c'est que je naquis juste neuf mois après la célébration du mariage. On me nomma Antoine par respect pour la mémoire de mon vertueux grand-père.

Tout homme est ambitieux, et Jacques voulait m'élever à la dignité de médecin. Il s'occupa sans relâche de mon éducation temporelle. Madeleine formait mon cœur à la piété la plus fervente, et elle réussit complètement. Mon père se désolait de l'inutilité de ses efforts. Mon directeur spirituel s'en félicitait, et me faisait avancer à pas de géant dans la carrière où Madeleine m'avait lancé. Je ne voulais entendre parler ni de médecine, ni de médecin : mon directeur me répétait sans cesse, que c'est tenter Dieu, que vouloir rendre la santé à quelqu'un à qui il lui a plu de l'ôter.

Il trouvait bon cependant que je susse lire, écrire et le latin. Ces connaissances, me disait-il, sont indispensables pour arriver au sacerdoce. Je faisais des progrès rapides, ma mère en pleurait de joie, mon père s'affligeait de la répugnance que je marquais pour la médecine.

Il me pressait avec la plus vive tendresse de modérer mon zèle pour la dévotion. Il me rappelait la correction qu'il avait reçue, ce qui l'avait fait surnommer la Mouche. Je n'avais pas plus de goût que lui pour le bois de cormier, et je ne voulais servir de tous mes moyens, que l'église triomphante ; mais je sentais un penchant irrésistible à me mêler des affaires des autres. Je n'avais encore que six ans, et déjà j'avais brouillé la moitié des ménages d'Etampes.

Je le répète : la vérité perce tôt ou tard. La grande réputation de mon père, son utilité m'avaient ouvert toutes les maisons d'Etampes. Je voyais tout, je savais tout. Un de mes concitoyens, un savant, qui lisait et écrivait couramment, s'enveloppa un jour avec un chiffon l'index de la main droite; il faisait des grimaces épouvantables, occasionnées, disait-il, par un mal blanc, et il me pria d'écrire, sous sa dictée, un billet à sa femme, qu'il avait reléguée à la campagne. Dès que je fus sorti, il compara mon écriture à celle d'une lettre anonyme qu'il avait reçue un mois auparavant, et dont je fus convaincu d'être l'auteur. Il revint sur certains détails qu'un jeune homme de mon âge n'avait pu observer; il jugea que j'avais calomnié madame son épouse. Il était jeune encore; d'ailleurs, il trouva beau de rendre une justice éclatante à l'innocence méconnue et persécutée. Il monta sur sa mule, alla prendre sa femme au lieu de son exil, et la ramena triomphante dans sa maison.

Il ne s'en tint pas là. Il assembla un comité secret des maris qui avaient sévi contre leurs moitiés. Il leur soumit les pièces de conviction qu'il possédait. Il fut décidé que j'étais un petit drôle, qui se faisait un malin plaisir de semer la zizanie partout. Je n'ai qu'un mot à répondre à ces inculpations vagues et insignifiantes : La tolérance coupable des catholiques d'Étampes envers leurs concitoyens huguenots, avait amené des mariages entre les membres des deux cultes, et il est reconnu qu'une femme huguenote ne peut être que la concubine d'un mari catholique. C'est l'avis de nos plus savans théologiens.

Il résulta de tout ceci que bientôt chaque rue d'Étampes fut le théâtre de quelque fête conjugale, et que la population de cette ville augmenta considérablement. On prétend que c'est l'effet ordinaire des raccommodemens.

Cependant on crut devoir prévenir de nouvelles brouilleries. On discuta long-temps sur les moyens propres à réduire à l'inaction celui à qui l'on prodiguait les épithètes les plus injurieuses, et qui, certes, ne les méritait pas. Les plus emportés parlaient de renouveler la scène qui avait corrigé mon père Jacques. Les plus modérés rappelaient les services éminens qu'il avait rendus à la plupart des habitans, et s'étendaient sur ceux qu'il pouvait rendre encore. On savait qu'il m'aimait tendrement, et le châtiment rigoureux qu'on parlait de m'infliger pouvait le déterminer à s'éloigner de la ville. On résolut de lui faire connaître ma conduite, et de le prier très-sérieusement d'y mettre ordre.

En conséquence, une députation se rendit chez Jacques. Je déjeûnais tranquillement entre lui et ma mère Madeleine, lorsque ces messieurs parurent. Je prévis le coup dont ils allaient me frapper; je me levai et je me disposais à sortir. On m'enjoignit de rester.

Le récit des députés fut long et très-circonstancié. Des larmes roulaient dans les yeux de mon père; la figure de ma mère était rayonnante. Jacques supplia mes accusateurs de me pardonner. Madeleine déclara qu'on n'avait aucun reproche à me faire à l'égard des époux métis, et qu'à celui des autres je ne m'étais pas toujours trompé.

La fervente dévotion n'exclut pas la curiosité; ma mère raconta certaines particularités qui m'étaient inconnues, et dont j'eusse pu tirer un grand parti. Elle voulait seulement justifier son fils, et elle amena une scène de violence et de scandale. Je ne sais comment elle aurait fini, lorsque mon directeur parut.

Madeleine le mit, en peu de mots, au courant de ce qui se passait. Le révérend père Boniface leva les yeux au ciel, et improvisa un discours superbe, qui me déclarait une colonne naissante de la religion, moi qui n'avais pensé qu'à m'amuser. Il ajouta qu'il allait instruire le révérendissime évêque, et la Sorbonne des désordres de toute espèce qui régnaient dans Étampes; que le très-pieux roi Henri III ne manquerait pas d'y mettre ordre, et pour me soustraire au ressentiment de mes ennemis, il me prit la main et me conduisit dans son couvent.

Il me présenta à son prieur comme une victime de la rage des Huguenots. Le prieur m'embrassa très-paternellement, et il prononça, avec le père Boniface, que je chanterais en fausset au lutrin, que j'apprendrais à jouer du serpent et que je balayerais l'église, fonction très-propre à entretenir l'humilité chrétienne. Il fut arrêté que ma mère seule, dont la ferveur était connue, aurait la permission de me voir, une fois par semaine; enfin le prieur, homme très-instruit et très-éclairé, se chargea de me faire continuer mes études.

En attendant l'effet des menaces du père Boniface, les habitans d'Étampes se vengèrent, ne pouvant faire mieux, en me surnommant la Mouche, nom qu'ils avaient donné autrefois à mon père, et qui, je le crois, deviendra celui de notre famille.

Jacques se prononça hautement contre la manière illégale avec laquelle on lui avait enlevé son fils ; il protesta contre le refus des religieux de l'admettre auprès de moi. Cet éclat acheva de tout gâter. Le bailly intervint dans cette affaire. Il fit publier, à son de trompe, toutes les ordonnances rendues contre les Huguenots, depuis le règne de l'illustre François Ier jusqu'à nos jours. Les prisons s'ouvrirent, des procès s'instruisirent, le désordre et la terreur régnèrent dans la ville, et tout cela, parce que j'avais écrit quelques billets anonymes.

L'ordre d'arrêter mon père qu'on appelait le complaisant des Huguenots, fut signé et allait être exécuté. La providence veillait sur lui. Le bailly, mauvais jurisconsulte, mais chasseur déterminé, poursuivait une compagnie de perdreaux, pendant qu'un huissier se disposait à poursuivre mon père. Un vieux mousquet creva dans les mains du magistrat, et lui enleva le pouce gauche. Le *primò mihi* se fit entendre alors. Le bailly remonta sur sa mule, rentra, au galop, dans Étampes, manda l'huissier, déchira l'ordre d'incarcérer mon père, et le fit prier, très-poliment, de venir le panser.

Jacques était sensible. Il oublia le mal que le bailly avait voulu lui faire. Il le traita, et le guérit. Mais il jugea à propos de s'éloigner d'une ville, où il n'espérait plus trouver de repos, et où sa sûreté était sans cesse compromise. Il alla porter à la Rochelle sa personne, ses talens, et les bienfaits de son art.

Ma mère aimait tendrement son mari. Elle me raconta, en gémissant, la persécution suscitée à mon père. Ses sanglots redoublaient, en me disant qu'il l'avait méritée, et qu'il ne fallait plus compter sur sa rentrée dans la bonne voie, depuis qu'il s'était enfermé dans une place forte, uniquement peuplée de Huguenots.

Elle convenait que son devoir lui imposait l'obligation de suivre un époux, qui n'avait pas abjuré la foi de ses pères. Je pensais comme elle; mais le révérend prieur et le père Boniface nous firent aisément comprendre que nous devions rompre tout pacte avec l'impiété. Jacques avait fait une jolie fortune pour un particulier. Il était tout simple qu'elle fût confisquée. Mais la piété de ma mère et la mienne arrêtèrent les bras vengeurs déjà levés sur notre famille. Cependant, on déclara à Madeleine qu'il était indispensable qu'elle expiât les erreurs de son mari, en faisant un don au couvent. Quelques sacs furent enlevés de la maison paternelle, et déposés entre les mains du père prieur. En reconnaissance de notre docilité, le bon père nous revêtit chacun d'un scapulaire, et nous affilia à son ordre. Nous fûmes pénétrés d'un tel honneur, et nous fîmes tous nos efforts pour nous en rendre dignes.

Le fameux baron des Adrets, célèbre par sa haine contre les catholiques et par la manière infâme dont il traitait les saints religieux qui tombaient entre ses mains, le baron fut chargé, par les Rochellois, de traiter avec la grande reine Catherine de Médicis, qui levait des troupes contre les huguenots. Mon père avait pris la liberté de le charger d'une lettre pour ma mère et pour moi. Madeleine ne savait pas lire, quoiqu'elle fût la fille d'un apothicaire. Elle porta sa lettre au père Boniface, qui la lut d'abord tout bas, et qui daigna ensuite nous en donner communication.

La santé de Jacques s'altérait sensiblement. Il entrevoyait la fin d'une carrière orageuse. Le père Boniface remarqua, avec beaucoup de sagacité, que l'homme le plus robuste doit dépérir lorsqu'il respire l'air empesté du calvinisme. Mon père exprimait le désir de nous embrasser encore avant que de *s'endormir pour toujours.*

« *Pour toujours*, s'écria le père Bo» niface! Saisissez-vous le vrai sens de » cette expression? Les huguenots sont

» tous damnés irrémissiblement ; mais
» au moins ils reconnaissent un Dieu.
» *Pour toujours*, signifie clairement que
» l'homme meurt tout entier. Jacques
» est donc un athée, et il n'est pas de
» supplice assez rigoureux pour punir,
» autant qu'ils le méritent, les scélérats
» qui professent l'athéisme. » Ma mère pleurait ; mais pleine de respect pour la décision du père Boniface, elle lui répondit par une profonde révérence. Le soir elle envoya encore quelques sacs au couvent, afin qu'on priât pour la conversion de son mari.

J'avais vingt ans. Depuis long-temps je ne balayais plus l'église. J'étais devenu un théologien consommé, et je disputais souvent avec le père-prieur, de manière à l'embarrasser. Depuis long-temps je portais la robe respectable de novice. Le digne père attendait un moment propice pour recevoir mes vœux. Il voulait que ses religieux adoptassent, sans restriction, ses opinions théologiques, et ce qu'il appelait mon indocilité retardait, de mois en mois, ma profession.

La lettre de Jacques fit naître en moi des idées nouvelles. Je trouvais dans nos livres des pères sacrifiant leurs enfans ; je n'y trouvais pas d'enfans rebelles à leurs pères, qu'ils ne fussent plus ou moins sévèrement punis. Le mien était bon catholique, et il me sembla qu'une expression qui lui était échappée, peut-être sans réflexion, ne m'autorisait pas à l'abandonner. Et puis, on ne change pas son caractère. La vie d'un couvent est uniforme, et ne fournissait aucun aliment à mon goût pour l'observation. Je résolus de me rendre au vœu de mon père. Je me gardai bien d'en rien dire à notre digne prieur ; il eût combattu mon dessein, par des prières, par des caresses, plus puissantes que ses argumens, auxquels je n'aurais pas été embarrassé de répondre.

Je mûris mon projet pendant quelques jours, et bientôt je lui donnai une extension dont je fus moi-même étonné. Je me persuadai que les erreurs funestes du calvinisme ne tiendraient pas contre mon éloquence et la force de mes raisonnemens ; que je pouvais prétendre à l'honneur de ramener les Rochellois au giron de l'Église, et que mon nom passerait à la dernière postérité. Mon imagination s'exalta. Je sortis du couvent sans prendre congé de personne ; mais je ne voulus pas quitter Étampes sans embrasser ma mère.

Elle fut étonnée de me voir : depuis

quatre ans, je n'avais pas passé la porte d'entrée de mon couvent. Je lui fis part de mon projet, et je m'exprimai avec un enthousiasme entraînant. Le père Boniface n'était pas là pour me combattre. Ma mère pleura de joie en pensant à la conversion des Rochellois, et à leur soumission au grand roi Henri III. Elle m'embrassa, me mouilla de ses larmes maternelles, glissa un sac sous ma robe conventuelle, me bénit, et me promit de prier pour le succès de ma sainte entreprise.

Me voilà dans les champs, et j'ai le plaisir de promener des yeux, si long-temps fixés sur quatre murs, à travers un horizon vaporeux, étendu, sur des terres chargées de moissons, qui n'attendent que la faucille. Mes poumons se dilatent, en respirant un air pur et toujours nouveau. Mon âme s'agrandit en contemplant la nature ; elle adore son divin auteur.

Des idées nobles, sublimes, viennent m'assaillir. Je m'assieds au pied d'un chêne ; je tire mon écritoire de poche, et je commence mon premier sermon. On écrit facilement ce dont on est fortement pénétré. Je composais rapidement, le temps s'écoulait, et je ne m'en apercevais pas. J'aurais, je crois, passé la journée sous mon chêne. Un homme qui passa me tira de mon délire. Coquin de moine, me dit-il en agitant un pesant gourdin. C'est un misérable huguenot, me dis-je en moi-même. Il s'éloignait ; mais il avait éteint mon heureuse inspiration. J'allais remettre mon sermon et mon écritoire dans ma poche. Une jeune fille se présente devant moi. « Bon père, me dit-
» elle, il y a cinq heures que vous êtes

» là : ma mère les a comptées. Vous de-
» vez avoir besoin de prendre quelque
» chose. Voilà ce qu'elle vous envoie. »
Ah, je vois bien, me dis-je, que tous
les catholiques sont frères. Pourquoi
souffre-t-on qu'il existe d'autres religions au monde? Pourquoi n'extermine-t-on pas les mahométans, les juifs,
les chrétiens schismatiques, et surtout
les huguenots, qui sans cesse attaquent
l'autorité de notre saint père le pape, et
osent nier son infaillibilité? Cela viendra peut-être. Au reste, convertir les
Rochellois, c'est faire plus que les égorger : c'est assurer leur salut.

La jeune fille avait déposé un panier
à mes pieds. Je levais les yeux sur elle.
Elle était jolie; elle me regardait avec
intérêt, et je me hâtai de porter mes
regards vers la terre. Je devais faire
vœu de chasteté, et je sentais que le

démon n'a pas de moyens plus sûrs de nous le faire rompre que de nous présenter une jolie fille. Nouveau saint Antoine, je combattis et j'eus le bonheur de triompher. La victoire me coûta de longs efforts, et elle en fut plus méritoire.

La petite s'était assise auprès de moi; elle me présentait alternativement du pain, des fruits et du lait; sa main passait et repassait sans cesse devant moi. Cette main était brunie par le soleil; elle était peut-être dure; mais je savais qu'elle appartenait à une fille jeune et jolie. Des sensations nouvelles pour moi m'agitaient, me tourmentaient... Quel parti prendre?... je me saisis du panier, j'en arrachai un morceau de pain bis, quelques abricots, je me levai, et je continuai ma route sans regarder derrière moi.

L'air me paraissait excessivement chaud, il me semblait que je respirais du feu. Ma poitrine était gonflée, mes muscles tendus. J'invoquai mon patron, et je découvris, sur la droite, un étang, que sans lui, je n'aurais pas aperçu. J'y courus, je me déshabillai; je cachai mon sac d'argent sous mes vêtemens, et je me jetai dans l'eau; je m'y plongeai jusqu'au cou. Bientôt mon sang se rafraîchit; je respirai un air doux; je me r'habillai; je marchai en relisant ce que j'avais fait de mon sermon, et j'arrangeai dans ma tête une péroraison, qui devait être d'un effet prodigieux.

CHAPITRE II.

Antoine la Mouche continue son voyage.

Que le monde me parut grand ! je n'étais jamais sorti d'Etampes, et il me sembla que j'étais séparé de la Rochelle par l'immensité. Je n'étais pas habitué à une marche soutenue ; j'éprouvais des douleurs dans les jambes, et le repas que j'avais pris dans la journée, n'était pas propre à me donner des forces. Cependant j'apercevais une ville dans l'éloignement, et cet aspect me donna du courage. L'idée de la conversion des Rochellois suffisait d'ailleurs pour me faire surmonter toutes les difficultés.

Que l'homme est orgueilleux et petit à la fois! je n'avais vu dans mon projet qu'une gloire, peut-être trop mondaine. Mon patron me rappela, en ce moment, à l'humilité dont je n'aurais jamais dû m'écarter. J'avais de l'argent, je pouvais me procurer les alimens délicats qui abondaient dans mon couvent d'Etampes. Mais où coucher? il faudra que je demande l'hospitalité de porte en porte. Tous les catholiques ne peuvent pas exercer cette vertu, qui illustra nos anciens patriarches; si je me présente dans la maison d'un huguenot, je serai rudoyé, peut-être battu, il est évident que j'ai manqué de prévoyance. Pourquoi de bonnes âmes n'ont-elles pas eu l'idée d'élever de distance en distance, des abris où le pauvre serait reçu *gratis*, et où les riches déposeraient des offrandes qui défraieraient la maison ? cela viendra peut-être, avec quelques modifications.

Mon orgueil me fit sourire à mon nouveau plan d'amélioration, et je ne sentis pas que le seul besoin d'un lit avait suffi pour me le suggérer. Que mon patron me pardonne !

En faisant ces réflexions, j'entrais, en boitant, dans la ville de Châteaudun. J'examinai toutes les figures qui se présentaient dans les rues que je parcourais au hasard ; je voyais sur les unes de la bienveillance, et quelquefois de la vénération. Je lisais sur les autres, le mépris, et même la haine.

J'appris, en quelques instans, à distinguer les catholiques des huguenots. J'attendis qu'un de mes frères passât, sous des vêtemens qui annonçassent l'opulence. J'étais décidé à le prier de m'admettre chez lui... Oh! mon patron, que je vous remercie! un religieux de notre ordre paraît au coin d'une rue; il m'aperçoit, me sourit, s'avance vers moi, me prend la main, et me demande ce que je fais à Châteaudun. Je lui réponds avec le respect que doit un novice à un profès. Je lui raconte, en peu de mots, mes grands projets, et je lui fais connaître les moyens qui doivent en assurer le succès. Il me bénit, me conduit à son couvent, et me présente à son prieur.

Le très-révérend père jugea qu'il fallait d'abord satisfaire au plus pressant de mes besoins. Les bons religieux avaient soupé depuis quelques heures; mais le frère cuisinier n'était jamais pris au dépourvu. Il me servit un repas très-substantiel. Je fus conduit, après y avoir fait honneur, dans une cellule où on m'enferma à clef, ce qui n'est pas dans les usages de notre ordre; mais je pensai qu'il pouvait y avoir quelque différence entre ceux d'Etampes et de Châteaudun. D'ailleurs, le sommeil m'accablait, je me couchai, et je m'endormis d'un sommeil profond.

Il était grand jour, quand je m'éveillai. Au premier mouvement que je fis, deux frères entrèrent dans ma cellule. Ils me dirent que le père prieur et le chapitre assemblé m'attendaient, et voulaient avoir une conférence avec moi. Un des frères prit mon sac d'argent, pour m'éviter, dit-il, la peine de le porter.

Autant les figures de leurs révérences m'avaient marqué de bienveillance, la veille, autant elles exprimaient de sévérité. « Votre nom, me
» demanda le père-prieur? — Antoine
» de Mouchy, ou la Mouche. — Votre
» âge? — Vingt ans. — Depuis quand
» êtes-vous chez nos frères d'Étampes?
» — Depuis quatre ans. — Et vous
» n'êtes pas encore profès! Vous êtes
» donc un mauvais sujet? — Mon ré-
» vérend père, je suis un pécheur,
» sans doute; le juste lui-même pèche,
» et l'orgueil est le péché que mon
» digne prieur me reprochait tous les
» jours. Il m'avait instruit de ce que la
» théologie a de plus sublime, et je
» disputais avec lui sur la grâce et ses
» effets; je l'embarrassais quelquefois,

» et.... — Prenez garde, frère Antoine;
» vous retombez encore dans votre pé-
» ché d'habitude. Un novice embar-
» rasser son prieur!... Continuez votre
» récit avec humilité.

» — J'avoue, mon très-révérend
» père, que mon respectable prieur
» attendait, pour recevoir mes vœux,
» que je m'humiliasse devant ses lu-
» mières, lorsque je formai le projet
» d'aller convertir les Rochellois. —
» Vous allez donc à la Rochelle? — Oui,
» mon très-révérend. — Et, sans doute,
» vous avez une obédience de votre su-
» périeur? — Je confesse encore que
» je suis sorti du couvent clandestine-
» ment. — Ah, ah! — J'ai été rece-
» voir la bénédiction de ma mère, je
» l'ai embrassée, et je suis parti.

» — Dites-moi, jeune rebelle, quels
» sont les moyens que vous comptez

» employer pour convertir les Rochel-
» lois? » Je tirai de ma grande manche
ce que j'avais écrit de mon premier
sermon; je le lus avec la chaleur, la
verve qui me l'avaient inspiré. Je portais de temps en temps un œil furtif
sur mon auditoire, et je reconnus,
avec une satisfaction bien naturelle,
que je produisais le plus grand effet.

« Je vois avec un plaisir ineffable,
» me dit le père prieur, quand je cessai
» de parler, que vous êtes appelé à
» l'apostolat. Cette éminente qualité
» me fait renoncer au dessein que m'a-
» vaient inspiré vos premières réponses.
» Je voulais punir un fugitif, et le faire
» réintégrer dans son couvent; mais je
» réfléchis qu'un novice est toujours le
» maître de se retirer; qu'un novice qui
» débute dans la carrière par un ser-
» mon, tel que celui que vous venez

» de nous lire, a droit à la considéra-
» tion de tous les franciscains. Oui,
» frère Antoine, vous irez à la Ro-
» chelle; vous réussirez dans un dessein
» qu'on ne peut trop admirer, ou vous
» obtiendrez la palme du martyre. Dans
» l'un ou l'autre cas, vous ferez le plus
» grand honneur à l'ordre. Que diront
» les jésuites, qui affectent de nous
» mépriser, quand ils verront un en-
» fant, qui n'a pas encore prononcé ses
» vœux, porter la lumière dans une
» cité infectée du calvinisme, ou mou-
» rir pour la foi?

» Je n'ai plus qu'une question à vous
» adresser, frère Antoine. En sortant
» de votre couvent, avez-vous passé
» par la cellule du père procureur?
» Vous êtes-vous arrêté devant sa caisse?
» — Non, très-révérend père. — Ju-
» rez-le moi.—Je le jure. — D'où vous

» vient donc ce sac d'argent que voilà?
» — C'est un don de ma mère. — Vous
» savez que le mensonge est un péché
» capital. — Je n'ai jamais menti.

» — Écoutez-moi, mon très-cher
» frère. Le démon est rusé, et la chair
» est faible. Un religieux de vingt ans
» ne doit pas avoir d'argent à sa dispo-
» sition. Ce sac restera dans nos mains,
» et vous n'en jouirez pas moins, pen-
» dant votre voyage, de toutes les com-
» modités de la vie. Je vous expédierai
» une obédience pour nos prieurs de
» Vendôme, Tours, Chinon, Mont-
» contour, Poitiers, Saint-Maixent et
» Fontenai en Rohan. De cette dernière
» ville, vous vous rendrez à la Rochelle.
» Vous y serez reçu par le baron de
» Biron, zélé catholique, qui y com-
» mande pour le roi. Il vous verra avec
» plaisir, parce qu'il est le seul, dans

» cette ville abominable, qui recon-
» naisse l'autorité du Saint-Père. Le roi
» voulait lui donner des troupes ; mais
» les Rochellois ont exigé de leur maître
» légitime, qu'il entrât seul dans leur
» enceinte, et tel était le malheur du
» temps, que Charles IX fut contraint
» de souscrire à ce que lui prescrivi-
» rent ces rebelles.

» En passant à Montcontour, vous
» visiterez le champ de bataille où
» notre grand roi Henri III, duc d'An-
» jou alors, eut le bonheur de faire
» égorger cinq mille huguenots, et de
» prendre leur artillerie. leurs bagages
» et leurs provisions de bouche. Vous
» traverserez le champ de bataille à
» genoux, en rendant des actions de
» grâces à Saint-Francois et à votre pa-
» tron. Allons, mes frères, descendons
» au réfectoire. »

On dîne aussi bien chez les franciscains de Châteaudun que chez ceux d'Étampes. En sortant de table, le révérend père prieur expédia mon obédience; le frère Mathurin me mit sur l'épaule une besace, qui renfermait les provisions nécessaires pour me conduire jusqu'à Vendôme, et je me remis en route.

Je répétais toutes les belles choses que le père prieur de Châteaudun m'avait dites. Je ne regrettais pas mon argent : je n'en avais plus besoin. Ma mère me l'avait donné pour le bien de la religion, et il allait être employé en œuvres pies.

Je classais dans ma tête, en marchant, les élémens de cette péroraison, dont j'attendais des prodiges. Quelques heures après, je m'assis sur le revers d'un fossé, et j'ouvris la besace du frère

Mathurin. Quelle abondance, quelle recherche dans les mets! Une succulente volaille, une carpe frite, une tranche d'un jambon rosé, des biscotins, et une bouteille de cet excellent vin que nous devons aux révérends pères, possesseurs du Clos-Vougeot!

Je restai stupéfait. Mille idées vinrent m'assaillir. Je pensai enfin que le prieur de Châteaudun avait voulu me fournir l'occasion de combattre la gourmandise, et je lui criai de cinq à six lieues, qu'il ne serait pas trompé dans ses espérances. Je pris un morceau de pain, je l'arrosai, faute d'eau, d'un grand verre de vin, et je commençai à écrire ma péroraison.

Je la terminais à ma grande satisfaction, lorsqu'un malheureux, privé d'un bras, et traînant une jambe, s'arrêta devant moi. Il regardait, avec concupiscence, ces mets que j'avais étendus sur l'herbe, et que je dédaignais. « Pre- » nez, lui dis-je, prenez : tous les pau- » vres sont mes frères. » Il ne se le fit pas dire deux fois.

Les poches de son haut-de-chausses déchiré ne pouvaient contenir toutes ces provisions. Il les arrangea dans ma besace que je lui abandonnai. « Quel » dommage, dit-il en s'éloignant, que » ce petit frère ne soit pas calviniste ! » il a une si belle âme ! — Ah ! coquin ; » m'écriai-je, tu n'es qu'un vil hugue- » not ! Le frère Antoine serait dupé » par un suppôt du démon ! rends-moi » ma besace, misérable. »

Je courus après lui. Il tira, de dessous son pourpoint, un second bras dont je ne soupçonnais pas même l'existence, la jambe sur laquelle il se traînait se raffermit tout à coup, et il m'allongea le plus vigoureux soufflet qu'un homme puisse recevoir. Je lui présentai l'autre joue, et il me rit au nez. J'offris la cuisson de ma joue à mon patron, et je continuai ma route.

Je fus reçu à Vendôme comme un des flambeaux de l'ordre. Je fus fêté, caressé. Le prieur commanda en mon honneur un *gaudiolum* (1), et je reconnus toutes ces marques de distinction, en lisant aux pères assemblés le sermon que je venais de terminer.

Les exclamations, les applaudissemens, les cris d'admiration me tournèrent la tête. Le père prieur me pressa sur son cœur, m'embrassa tendrement, me fit faire un demi-tour à droite, et me jeta dans les bras du sousprieur,

---

(1) Petite fête claustrale.

ouverts déjà pour me recevoir. Le sous-prieur me fit passer dans ceux du père procureur, et j'arrivai ainsi jusqu'au religieux qui fermait la file. Je me crus un être presque surnaturel.

Le père prieur s'écria qu'un homme comme moi ne pouvait être plus longtemps novice. Il ordonna qu'on sonnât la cloche, et qu'on fît toutes les dispositions nécessaires pour recevoir mes vœux. Je le priai humblement de m'entendre. Je lui dis que je me croyais toujours sous la dépendance du prieur d'Étampes; qu'il ne m'avait pas mis au nombre des profès, parce que j'étais sujet au péché d'orgueil; que les éloges que je venais de recevoir m'en avaient rendu coupable au plus éminent degré; qu'enfin je me sentais indigne de la faveur dont sa révérence de Vendôme voulait m'honorer.

Le prieur insista. « Si vous mourez » à la Rochelle, me dit-il, notre ordre » ne pourra pas vous compter parmi » ses plus grands prédicateurs. Que dis-» je, frère Antoine, dès ce moment, » vous êtes autant élevé au-dessus d'eux, » que le cèdre du Liban l'est au-dessus » d'un roseau du Jourdain. » L'orgueil, malgré mes efforts, s'empara encore de toutes mes facultés, et je déclarai d'un ton ferme que je ne prononcerais mes vœux qu'aux pieds du révérend père prieur d'Étampes; que je lui manquerais essentiellement en faisant profession entre les mains d'un autre, lorsqu'il m'en avait jugé indigne. Les prières, les instances ne purent m'ébranler. Il fallut bien me laisser partir novice. Je devais l'être encore long-temps.

Tous les matins, je trouvais la besace; mais j'en réglais le contenu : je ne voulais pas m'exposer à substanter un huguenot. Tous les jours, j'écrivais quelque chose d'un sermon nouveau; tous les soirs, les fêtes conventuelles se renouvelaient, et je n'en étais pas plus humble. J'entrai dans la plaine de Montcontour, et je me souvins de ce que m'avait prescrit le père prieur de Châteaudun. J'usai mes chausses et ma robe; l'épiderme de mes genoux fut enlevé, et je persévérai dans mon pieux pélerinage. La douleur augmenta de minute en minute. Bientôt elle devint intolérable, et la faiblesse humaine imposa silence au devoir. Je me relevai, en adressant à mon patron une oraison jaculatoire.

Il crut, dans sa bonté, devoir récompenser ma confiance et ma soumission. Un ossement humain se présenta à mes pieds. Je le relevai et je le baisai avec respect. Il avait nécessairement appartenu à un catholique, puisque mon patron me l'envoyait, et un catholique qui meurt pour la bonne cause est nécessairement un grand saint.

J'arrivai à Poitiers dans un état à faire pitié. Une partie de mes vêtemens et la peau de mes genoux étaient en lambeaux. Je les touchais avec la relique que j'avais trouvée, et mes douleurs ne se calmaient pas. Je la présentai, après l'avoir baisée encore, au père prieur. Il la regarda attentivement, la tourna dans tous les sens, et la jeta par la fenêtre. « C'est un os de
» mouton, me dit-il, que vous m'avez
» apporté là. Gardez-vous, mon frère,
» de vous livrer à un zèle exagéré. Vous
» fourniriez des armes contre nous aux
» incrédules, et surtout aux hugue-

» nots. » Il sonna, un frère lay se présenta. « Frère Marc, mettez des com-
» presses d'eau-de-vie sur les genoux de
» ce jeune homme, donnez-lui à sou-
» per et un lit. Demain matin, vous
» l'habillerez à neuf, et vous lui aide-
» rez à monter sur une de nos mules,
» qui le conduira à Saint-Maixent. »

Cette froideur m'étonna et me blessa. Oh! pensai-je, il ne connaît pas ces sermons, qui m'ont valu tant d'éloges. Je vais l'entraîner, le séduire comme les autres. Je tirai mon manuscrit et j'allais commencer ma lecture. Il le prit, le parcourut rapidement et me le rendit en me disant : « De l'exagéra-
» tion, toujours de l'exagération et quel-
» quefois de l'hyperbole. » Oh! oh! pensai-je, le révérend serait-il entaché d'hérésie? Mon os de mouton l'avait indisposé contre moi, et je ne savais pas

encore qu'une prévention défavorable ne se détruit presque jamais.

J'étais humilié, très-humilié; je me sentais dans les dispositions, où, depuis long-temps, voulait me trouver le prieur d'Étampes. Elles pouvaient ne pas se soutenir, et il me sembla que je devais profiter de ce moment heureux pour m'engager à jamais. Je suppliai sa révérence de recevoir mes vœux. « Nous avons déjà trop d'éner-
» gumènes dans l'ordre, me dit-il, et
» très-certainement je n'en augmente-
» rai pas le nombre. Allez à la Ro-
» chelle, et tâchez d'en revenir. » Très-décidément, pensai-je en mangeant un perdreau, le père prieur de Poitiers est un hérétique.

Tout se passa comme l'avait prescrit sa révérence. Me voilà juché sur ma mule, suivi par le frère Marc, qui chantait des cantiques à tue-tête, qui, de temps en temps, s'humectait la poitrine d'un verre de bon vin, et qui bientôt s'égaya à mes dépens : le valet devait être l'écho du maître.

Marc entra dans notre couvent de Saint-Maixent, et j'attendis à la porte qu'il lui plût de m'aider à descendre de ma mule. Sans doute, il avait reçu de son prieur des instructions secrètes, qu'il remplissait en ce moment.

Il revint bientôt, accompagné d'un frère, que suivaient quelques novices bien jeunes, bien étourdis, qui éclatèrent de rire en voyant mes genoux chargés de bourrelets de linge, et les grimaces que mes compresses d'eau-de-vie m'arrachaient par intervalles. J'entendis, très-distinctement, l'un d'eux dire à l'autre : C'est un fou, dit-on, et il en a bien l'air. Il est dur d'être persécuté par ceux de son parti ; mais leurs railleries, leur haine même ne doivent pas nous faire dévier de la bonne route. Je me sentais appelé à l'apostolat ; le digne prieur de Châteaudun me l'avait assuré, et certainement il se connaissait mieux en hommes que le chef du couvent de Poitiers ; je le croyais ainsi. J'offris à mon patron, pendant qu'on m'enlevait de dessus ma mule, les nouvelles humiliations qui m'attendaient.

Je ne vis ni le prieur, ni les profès de Saint-Maixent. Les frères lais s'emparèrent de moi, pourvurent à tous mes besoins, pansèrent mes écorchures, me couchèrent dans un assez bon lit, et me laissèrent la liberté de penser et de faire ce que je voudrais. Je terminai un quatrième sermon, et je m'occupai de mon pauvre père, que les fumées de l'orgueil avaient banni de ma mémoire. Ah! pensai-je, il me reverra avec un extrême plaisir, et je lui consacrerai tous les momens dont la prédication me permettra de disposer.

J'avais lieu de croire que l'air empesté de la Rochelle étendait ses funestes effets à vingt lieues à la ronde, et que les couvens de notre ordre, qui avoisinent cette cité coupable, en étaient infectés. Si mon père, pensais-je, qui vit au centre même de la contagion, en avait respiré les miasmes diaboliques? Hé bien, je le ramènerai à la foi de ses pères, et par conséquent à la vertu.

Le lendemain on me jucha sur une autre mule, qui me porta à Fontenai en Rohan, où je ne fus pas mieux reçu qu'à Saint-Maixent. Le soleil qui devait éclairer le dernier jour de ma marche parut enfin, et ranima ma ferveur et mes espérances. Je partis, et dès que nous aperçûmes les clochers de la Rochelle, le frère qui me conduisait m'aida, tant bien que mal, à descendre de ma mule, m'offrit deux béquilles, sauta sur ma monture, la tourna vers le point de notre départ, et la mit au galop, en me souhaitant tous les succès que je pouvais désirer..

On ne va pas vite quand on voyage sur deux béquilles. Je jugeai que je pouvais être encore à deux lieues de la ville impie, et je sentais que je ne les parcourrais pas en moins de quatre heures. La journée s'avançait, et je n'étais pas sûr d'arriver avant la nuit. La besace des Franciscains n'a qu'une aune de toile, et elle s'étend sur toute la surface de la France. J'ouvris celle que m'avait laissée mon dernier conducteur, et j'y puisai des forces et du courage.

Je me remis en marche, et il me sembla, à mesure que j'approchais de la ville, que l'air était réellement empoisonné. Était-ce une réalité, une illusion? J'observais avec exactitude; je faisais jouer mes poumons avec force, et de temps en temps une odeur fétide me blessait l'odorat. Il n'y eut plus moyen de douter. Je sentis facilement que la respiration de trente mille huguenots ne pouvait manquer de produire de tels effets. Je purifierai cet air-là, me disais-je en sautant sur mes béquilles. La difficulté était d'arriver.

Bientôt je reconnus, sur les côtés du chemin, des lieux bas et humides. Le vent soufflait du côté de la mer, et m'apportait directement des émanations marécageuses. Cependant ce que je voyais n'était certainement pas des marais. Cette humidité ne pouvait être produite que par les miasmes épais qui s'échappent des poitrines des huguenots, et que leur poids précipite à peu de distance des murailles. Ce raisonnement était simple et conforme aux lois de la physique.

Bientôt les ténèbres couvrirent la ville sacrilége, et l'ombre commençait à s'étendre autour de moi. Je ne voyais pas une maison, et il fallut me décider à passer la nuit dans des herbages que faisait croître l'hérésie. Je trouvai, sur le bord d'un de ces prétendus marais, des joncs élevés et parfaitement secs. Je soupai de ce qui restait dans ma besace; je me couchai, et je me trouvai fort bien. Ce bien-être, me dis-je, est un piége du démon. Il veut que je me pénètre pendant toute une nuit de cet air pestilentiel. Il oublie que mon patron l'a vaincu, et je vais supplier Antoine d'écarter de moi tous les dangers.

J'avais à peine achevé ma prière, que le vent changea, et reporta sur la ville ces miasmes que je redoutais tant. L'atmosphère se dégagea. L'air devint frais et pur. Je m'endormis, avec confiance, au milieu de mes joncs, et je goûtai, pendant toute la nuit, le repos des justes.

CHAPITRE III.

Entrée d'Antoine la Mouche à la Rochelle.

Le soleil brillait du plus grand éclat quand je m'éveillai. Je me levai et je me remis gaîment en route. Les idées les plus riantes et les plus sublimes s'offraient à la fois à mon imagination, et cela devait être : l'heure de mon triomphe approchait. Je parcourus, assez lestement, l'intervalle qui me séparait encore des mécréans.

J'arrivai sur les glacis de la place, et je me trouvai bientôt entre deux pièces de canon. Un soldat s'avança vers moi en me menaçant de la pointe de sa pertuisane. « Un moine à la Ro- » chelle ! s'écria-t-il ; voilà du nouveau, » par exemple. Que veux-tu, coquin ? » Je lui répondis humblement que j'étais dépêché vers monseigneur le baron de Biron, gouverneur pour le roi à la Rochelle.

Il appela la garde. L'officier qui la commandait m'interrogea. Mes réponses ne lui parurent ni claires, ni assurées. En effet, je ne pouvais m'appuyer que du conseil que m'avait donné le père prieur de Châteaudun. « Entre » ici, me dit l'officier. » Il me poussa dans le corps-de-garde, et me donna la permission de m'asseoir sur un banc de bois.

Il envoya chercher Jacques Henri, maire de la Rochelle, et le capitaine Lanoue, qui commandait la force armée. En les attendant, je commençai l'exercice de l'apostolat. Je lus un de mes sermons à la garde rassemblée autour de moi. La garde rit beaucoup en m'écoutant, et j'en tirai un favorable augure : le rire n'annonce ni la haine ni la colère, et il est facile de fixer l'attention de gens que ces passions n'agitent pas. J'allais commencer ma péroraison, cette péroraison qui avait électrisé mes auditoires de Tours et de Chinon, lorsque le maire et le général parurent.

« Qu'est-ce que cela signifie, dit le
» capitaine en fronçant le sourcil, et
» en relevant sa moustache. Viens-tu
» faire ici le missionnaire ? Qu'on pende
» ce drôle-là. Monseigneur, lui ré-

» pondis-je, je suis prêt à recevoir la
» palme du martyre; mais votre gran-
» deur sait bien que pendre n'est pas
» répondre. — Tu fais le raisonneur,
» je crois! Soldats, exécutez mon ordre.

» Un moment, capitaine, lui dit le
» maire. Le parti que vous proposez
» est le plus court, sans doute; mais je
» ne le crois pas le plus sage. — Com-
» ment, morbleu! Avez-vous oublié que
» le roi, alors duc d'Anjou, tira trente-
» cinq mille coups de canon sur la
» Rochelle; qu'il nous livra vingt-neuf
» assauts; que le sang de nos conci-
» toyens, de leurs femmes, de leurs
» enfants, coula à flots sur les brèches,
» et il y avait des moines dans l'armée
» catholique. — Je n'ai rien oublié de
» tout cela; mais les esprits fermentent
» en France; la reine Catherine lève
» des troupes; elle n'attend qu'un pré-

» texte pour rallumer la guerre civile.
» Voulez-vous le lui fournir? — Hé,
» qu'importe à Catherine qu'il y ait en
» France un moine de plus ou de
» moins? — Envisageons cette affaire-
» ci sous son véritable point de vue.
» Ce moinillon demande à remplir une
» mission, feinte ou véritable, auprès
» de Monseigneur de Biron. Ce général
» est sans autorité dans la ville; il est
» plutôt notre ôtage que notre gou-
» verneur; mais ce titre lui a été con-
» féré par le roi. Il représente ici la
» majesté royale.... — Il ne représente
» rien.—On croit le contraire à la Cour.
» Pendre un homme qui lui est adressé,
» c'est vouloir exciter des murmures,
» des plaintes, des clameurs dans Paris.
» La reine et les Guise nous accuseront
» du crime de lèze-majesté; on courra
» aux armes, et vous savez, capitaine,

» que le jeune roi de Navarre et le
» prince de Condé ne sont pas en me-
» sure de soutenir la guerre. — Allons,
» allons, que l'on conduise ce drôle
» chez le sire de Biron. D'ailleurs, il
» sera toujours temps de le pendre. »

Il est évident que mon patron venait de me tirer du danger le plus imminent où un missionnaire puisse être exposé. Je lui rendis grâces en marchant entre deux files de soldats, et je respirai en entrant au palais de Monseigneur de Biron. Je m'étais résigné à mourir martyr ; mais, toutes réflexions faites, je sentais qu'il vaut autant utiliser sa vie que la perdre à vingt ans.

Mes gardes me remirent entre les mains des gens de Monseigneur. Ceux-ci, qui ne comprirent pas trop ce que je leur disais, me conduisirent au cabinet de Monsieur son secrétaire, et me laissèrent avec lui.

Il écrivait, et leva à peine les yeux sur moi. Il me fit signe de la main de m'asseoir, et continua ses écritures. Me trompé-je, ne me trompé-je pas?... Est-ce bien lui, me disais-je? Oh! c'est lui! Quatre ans de séparation n'ont pu le rendre méconnaissable.... « Je » te retrouve, mon cher Poussif! — » Chut, chut! Le baron m'a rencontré » dans un voyage qu'il a fait à Poitiers; » il m'a trouvé levant un plan pour » Monsieur de Guise. Il signe son nom » assez passablement; mais il écrit mal » et très-incorrectement. Il m'a pro- » posé d'entrer chez lui en qualité de » secrétaire; j'ai accepté en attendant » mieux. Mon nom ne lui a pas paru » assez sonore ni assez distingué; il » veut que tous ceux qui l'approchent

» soient gentilshommes ou le parais-
» sent, et il a décidé, dans sa sagesse,
» que je m'appellerais Monsieur de
» Poussanville. Plus de Poussif, entends-
» tu? Allons, embrassons-nous. »

Après les premiers épanchemens, il me demanda ce qui s'était passé à Étampes depuis qu'il avait quitté notre école commune. Je lui demandai des nouvelles de mon père. Je lui racontai les belles choses que connaît déjà le lecteur. Il m'apprit que la santé de mon père était très-languissante. « Tu
» veux donc être moine, me dit-il?
» — C'est mon unique ambition. —
» Imbécille! Tes pères de Saint-Fran-
» çois sont, après les Capucins, les
» plus ineptes de nos moines. Entre
» chez les Jésuites; ils ont de l'esprit,
» de l'adresse ; ils sont riches et puis-

» sans. A propos, as-tu déjeûné ? — » J'allais t'en parler. »

Poussanville appela, et me fit servir. Il reprend la parole pendant que je m'occupe à me restaurer.

« Tes novices de Saint-Maixent t'ont
» bien jugé. Tu veux convertir les
» Rochellois! Ce projet est d'un fou.
» A la recommandation du baron, ils
» te permettront de prêcher; mais tu
» auras affaire à Théodore de Bèze, le
» plus éloquent de leurs ministres. Si
» tu es battu, comme il y a lieu de le
» croire, tu seras bafoué; si tu as
» l'avantage, tu seras pendu : apprends
» que l'esprit de parti ne pardonne
» jamais. Insensé! Que t'importe tout
» cela ? Crois-tu que Catherine, Guise,
» le roi de Navarre, le prince de Condé
» soient pénétrés des sentimens qu'ils
» affectent? Ils soufflent le fanatisme

» sur les gens de leur parti; ils les eni-
» vrent pour les disposer à se faire
» tuer, selon leur bon plaisir. Tu n'es
» toi-même, sans t'en douter, qu'un
» agent aveugle des Guise. »

On sent bien que j'interrompis souvent le discours de M. de Poussanville par de fortes exclamations. Il riait, et continuait de parler. Moi, je jugeai que mon ami n'était d'aucune religion, et cette pensée m'arracha des larmes amères.

« Viens, pleurnicheur, je vais te pré-
» senter au baron : tu as ici le plus
» grand besoin d'un protecteur. Je te
» préviens que M. de Biron est fier,
» irascible, et qu'on ne l'aborde qu'a-
» vec trois révérences, Suis-moi. »

Je marchai sur les pas de M. de Poussanville. Je m'inclinai trois fois, et profondément, devant le baron,

dont tous les traits annonçaient l'orgueil. Je vis que mon humilité le disposait favorablement en ma faveur. Cependant il resta assis, et me laissa debout. Mon ami lui fit part des motifs qui m'amenaient à la Rochelle, et il arrangea son récit avec beaucoup d'adresse. « C'est bien, c'est très-bien, dit
» le baron, j'aime beaucoup ce beau
» zèle. Vous prêcherez, mon ami, j'en
» obtiendrai la permission du maire, et
» de Théodore de Bèze. Cependant, je
» vous conseille de ne pas vous exposer
» dans les rues de la Rochelle avant que
» j'aie arrangé votre affaire. Poussan-
» ville, vous le présenterez à Madame
» la baronne. Elle aime beaucoup les
» moines, et vous la prierez, de ma part,
» de mettre celui-ci au nombre des com-
» mensaux de sa maison. »

Je serais tombé dans l'enchantement, dans l'extase, si je n'eusse remarqué des signes d'intelligence entre le baron et Poussanville. Je saisis même un sourire, qui vint expirer sur les lèvres de monseigneur. J'en conclus qu'il n'était pas plus catholique que les grands dont mon ami m'avait parlé. Au surplus, pensai-je, tant pis pour lui s'il croit que la religion ne soit faite que pour le peuple. Je serai en sûreté dans ce palais, et je prêcherai, voilà l'essentiel.

J'allais suivre M. de Poussanville dans l'appartement de madame, lorsque le capitaine Lanoüe se présenta. Son air farouche, sa longue épée, et la manière dont il me regarda me glacèrent le sang. « Cet homme, de » manda-t-il au baron, a-t-il près de » vous, monseigneur, une mission di- » recte, positive? — Je ne puis conve-

» nir de cela ; mais je dois vous assurer
» qu'il m'est recommandé.... — Par
» quelqu'un que votre grandeur ne
» connaît peut-être pas ? — Ou, qu'au
» moins je connais assez imparfaite-
» ment. — Les choses étant ainsi, vous
» trouverez bon, monseigneur, que je
» le fasse pendre. N'ai-je pas trouvé ce
» coquin-là prêchant la garde du poste
» avancé ? Si on le laissait aller, il ferait
» de belles choses. Sa mort satisfera
» aux mânes de nos frères, tués pen-
» dant le siége, et ce sera un spectacle
» fort agréable pour les survivans...
» Allons, marche, maroufle.»

Il m'avait pris par une oreille, et la
tirait de toutes ses forces. « Un mo-
» ment, s'écria Poussanville. Il est fils
» de Jacques de Mouchy, dit la Mou-
» che. » Ces paroles firent sur le capitaine l'effet qu'eût produit la tête de

Méduse. Il lâcha mon oreille, me passa la main sous le menton, et prit un air tout-à-fait caressant. Le fier baron me sourit avec noblesse, avec grâce.
« Pourquoi, M. de Poussanville, ne
» m'avez-vous pas appris cela plutôt?
» — Pourquoi, petit frère, ne m'as-tu
» pas déclaré ton origine, quand j'ai
» voulu te faire accrocher par la garde?
» Tu ne sais donc pas que la première
» de toutes les vertus est d'être utile à
» ses semblables, et qu'on ne s'informe
» pas quelle est la religion de celui
» qui soulage l'humanité souffrante?
» Ton père vaut mieux à lui seul, que
» tous les moines de l'Europe ensem-
» ble : il a rendu l'usage de leurs mem-
» bres à un grand nombre de Rochel-
» lois, blessés pendant le siége, et qui
» se croyaient estropiés pour toujours.
» J'étais guéri d'un coup de mous-

» quet, qui m'avait percé la cuisse.
» Ma blessure se rouvrit, lorsque ton
» père vint chercher ici un asile contre
» la rage monacale. Il m'a guéri de
» nouveau, radicalement guéri. Voilà
» de ces choses qui ne s'oublient ja-
» mais. Suis-moi, Frérot. Viens em-
» brasser ton père. Instruis-toi près
» de lui, et tâche de le valoir un jour. »

Je passais de la mort à la vie, et ma tête n'était plus à moi. Les opinions opposées aux miennes, que j'avais entendu émettre autour de moi, avaient brouillé toutes mes idées. Je me souvenais seulement que je devais embrasser mon père, et rendre la Rochelle au pape.

Le capitaine avait passé mon bras sous le sien. C'est le fils de notre bon Jacques, disait-il aux furieux, que mon costume rassemblait autour de nous, et ces quatre mots les dispersaient à l'instant. Nous entrâmes dans une maison d'assez belle apparence. Je trouvai mon père, très-souffrant lui-même, entouré de malades, qu'il tâchait de soulager, et je me jetai dans ses bras.

Il n'était pas prévenu de mon arrivée, et il s'évanouit. Ses malades oublièrent leurs maux pour le secourir. Le farouche Lanoue aida à le déshabiller, et à le mettre au lit. Moi, je priais mon patron de lui rendre la santé, et de me maintenir dans les sublimes dispositions où j'étais en sortant d'Étampes.

Mon père revint à lui. Mais la surprise, l'émotion, un attendrissement sans bornes, avaient produit une crise qui acheva d'épuiser ses forces. Il expira dans mes bras, en bénissant le moment où il m'avait revu.

« Coquin de moine, me dit le capi-
» taine, si tu n'avais pas infecté notre
» ville de ta présence, notre bon Jac-
» ques vivrait encore ; il serait encore
» utile. Si les Rochellois savaient que
» tu lui as donné la mort, ils te met-
» traient en pièces. Je t'ai promis vie
» et sûreté, je tiendrai ma parole. Je
» te le prouve en te dépouillant de ta
» jacquette, qui te ferait remarquer
» partout, et je ne peux t'avoir tou-
» jours pendu à mon bras. » Il déchirait ma robe, il la mettait en lambeaux. Une robe de franciscain ! Je voulus au moins sauver mes sermons. Lanoue les jeta sur un brasier, où mon père faisait chauffer ses médicamens, il n'y avait pas deux heures. Je voulus les arracher aux flammes, Lanoue me prit par l'oreille, et m'envoya à l'autre bout de la chambre.

Il me donna des vêtemens qui avaient appartenu à mon père. Il fallut bien que je les prisse, puisque je n'en avais pas d'autres. « Puissent-ils, me dit le » capitaine, te pénétrer des vertus que » possédait ton père, et dont tu as un » si grand besoin. »

Il était temps qu'il me rendît méconnaissable. Le maire, Théodore de Bèze, les ministres du démon, ses confrères, les notables de la ville entrèrent, et témoignèrent de vifs regrets de la perte qu'ils venaient de faire. Les pauvres se rassemblèrent à la porte de la rue, et firent entendre de longs gémissemens. « Il les traitait » gratuitement, me dit le capitaine, » avec l'argent que lui donnaient les ri- » ches. » Ah ! pensai-je, mon pauvre père est mort huguenot. Il est inutile que je prie pour lui : il est perdu pour toute l'éternité.

Je sortis d'une maison où tout était confusion et désordre. Le grand air me rafraîchit la tête, et rétablit une certaine suite dans mes idées. Mes sermons n'étaient plus qu'un peu de cendre. Je me voyais privé des moyens les plus puissans de ramener les infidèles. Il me sembla que je n'avais rien de mieux à faire que de sortir de cette ville impie, et de secouer contre elle la poussière de mes souliers. Mais comment voyagerais-je? mes genoux ne sont pas tout à fait guéris, et le sac que m'a donné ma pieuse mère, est resté entre les mains du prieur de Châteaudun. Si du moins j'avais encore ma robe, elle intéresserait les fidèles en ma faveur. Je recevrais des secours abondans. Mais je suis dépouillé de toutes mes ressources. Il faut retourner chez le gouverneur ; cette maison est catholique, au moins en apparence, et je n'y manquerai de rien, monseigneur l'a promis. Je pourrai y écrire de nouveaux sermons ; je pourrai, au moins, argumenter avec Théodore de Bèze, et si je persuade cet ange de ténèbres, il gagnera tous les autres.

Je repris tristement le chemin du Palais, et je montai chez Poussanville. Je lui fis part, en gémissant, des égaremens de mon père, bien prouvés par l'attachement de tous les huguenots. « Si je pouvais gémir de quelque
» chose, me dit-il, ce serait de voir un
» fils condamner la mémoire de son
» père. Malheureux, sais-tu dans
» quels sentimens il est mort ? Fût-il
» protestant, en a-t-il moins des droits
» à ton affection et à ton respect ? Les
» hommes, d'ailleurs, ne sont-ils pas

» frères, quoique leur croyance ne soit
» pas la même? Le Ciel s'est-il prononcé
» contre ceux que tu appelles hugue-
» nots? La foudre tombe également sur
» les églises et sur les temples. — De
» la tolérance! de la tolérance! Poussif,
» la contagion t'a gagné. Tu es enta-
» ché du crime d'hérésie. O! grand
» François I*er* ! que ne pouvez-vous
» renaître, et exterminer jusqu'au der-
» nier des huguenots! — Tais-toi, im-
» bécille furieux, rappelle - toi les
» paroles que t'a adressées le général
» Lanoue : *On ne s'informe pas quelle est*
» *la religion de celui qui soulage l'huma-*
» *nité souffrante.* Ces mots ne prou-
» vent-ils pas que ton père restait atta-
» ché au Catholicisme, et qu'il est
» mort dans la religion de ses pères?
» Je n'exige pas de toi que tu retournes
» auprès de ses restes inanimés. Sa

» maison retentit des accens de la dou-
» leur et de la reconnaissance. Tu ne
» manquerais pas de faire quelque
» scène qui finirait mal pour toi. Je te
» plains, et ne veux pas te perdre.
» Je vais te présenter à madame la ba-
» ronne; mais demain, tu suivras le
» convoi de ton père dans le silence
» et le recueillement. — Tu veux que
» je paraisse dans les rangs de ces ré-
» prouvés ? — Tu le feras, ou je déter-
» minerai Monseigneur à te faire chas-
» ser de la ville. — Oh, grand saint
» Antoine! ô mon patron, inspirez-
» moi. — C'est moi qui t'inspirerai, et
» je t'inspirerai bien. Marchons. »

Cet homme si sévère me présenta à la baronne, avec les expressions les plus propres à lui inspirer pour moi le plus vif intérêt. Elle vit en moi un pauvre religieux, brûlant du zèle de la foi, et je venais, avec l'approbation de Monseigneur, me mettre sous sa puissante protection.

Je retrouvai là mes principes, mes précieuses habitudes, et même mon langage. Madame la baronne, jeune encore, était pieuse.... comme la piété. Ces malheureux huguenots lui avaient refusé jusqu'à un chapelain. Elle s'était arrangé un oratoire, où elle passait, avec ses femmes, la moitié des journées. Elle m'y conduisit : j'en admirai l'arrangement. Mais.... ô surprise ! je reconnus que Madame s'appelait Antoinette. Mon patron, et son compagnon fidèle étaient suspendus devant son prie-dieu.

Elle fut, de son côté, très-satisfaite d'apprendre que je me nommais Antoine, que je chantais et que je savais jouer du serpent. Elle décida qu'à moi seul, je serais sa musique de chapelle ; elle me chargea exclusivement de la direction de l'oratoire, et elle me remit entre les mains d'une de ses femmes, qui me combla d'égards, de prévenances, et qui me logea dans une chambre très-commode et très-propre. J'ai toujours aimé la propreté et les commodités de la vie.

Je ne hais pas non plus la bonne chère, quand elle n'excite pas à l'intempérance. Je dînai au milieu des dames suivantes, et je dînai bien. Il m'était impossible de ne pas porter mes regards autour de moi. La demoiselle Colombe me parut plus jolie que la petite paysanne qui m'avait apporté son déjeûner sur le chemin d'Étampes à Châteaudun. Je baissai les yeux, jusque sur mon assiette ; mais comment les y fixer ? Mademoiselle Colombe m'offrait de tous les mets, et il fallait bien la regarder pour lui répondre. Elle m'apprit qu'elle était chargée de la lingerie de l'oratoire. Elle me dit que nous le décorerions ensemble. « Non, Mademoiselle, m'écriai-je, non, très-certainement non. » Mademoiselle Colombe me répondit par une grimace qui ne l'embellit pas, et j'en fus fort aise. Je me tournai vers madame Claire, femme de cinquante ans, que la petite vérole avait maltraitée, et je ne regardai plus qu'elle.

Madame la baronne nous fit dire qu'elle nous attendait à l'oratoire. Je m'attachai exclusivement à madame Claire, et je la priai de m'aider à marcher. Elle s'informa, avec bonté, de ce qui me privait du libre usage de mes jambes. Elle courut aussitôt chercher ce qui était nécessaire pour mon pansement. Colombe lui demanda la permission de tenir l'assiette, avec un ton si doux, qu'elle me mit en colère contre elle et contre moi. «Non, Mademoiselle, lui dis-je, vous ne la tiendrez pas.» Colombe me tourna le dos, se rendit auprès de la baronne, et Claire me pansa avec autant d'adresse que l'eût pu faire un bon chirurgien. Je ne savais pas que les femmes eussent la main si légère et si douce. Je vis, avec plaisir, qu'il suffirait de quelques jours, pour me guérir radicalement.

Nous passâmes ensemble à l'oratoire. Là, je racontai à madame la baronne comment j'avais perdu mes sermons. Je lui demandai la permission de lui en réciter ce que me fournirait ma mémoire. Elle me l'accorda avec une grâce toute particulière.

Quand on récite de mémoire, il faut éviter les distractions. Je fixai mes yeux au plancher qui était sur ma tête. Je parlai avec une facilité qui m'étonna. Je parlai long-temps, et je retombai dans le péché d'orgueil : je voulus voir quelles sensations j'avais produites. La baronne seule était restée assise. Ses femmes m'écoutaient à genoux. Les yeux de Colombe étaient noyés dans les larmes, et ne me paraissaient que plus dangereux. Elle me prenait pour un saint, et elle avait tout ce qu'il fallait pour me damner.

Madame la baronne me présenta sa main à baiser : c'est la plus grande marque de satisfaction qu'elle pût me donner. « Frère Antoine, me dit-elle,
» il faut récrire ces sermons là ; il le
» faut absolument. Je vous en prie, je
» vous l'ordonne même. Si ces gens-là

» ne vous permettent pas de les pro
» noncer, je les ferai imprimer, et ré
» pandre avec profusion dans la ville;
» il faut que la vérité triomphe enfin. »

Le lendemain matin, Poussanville me fit appeler : « Voilà, me dit-il, un » paquet que le général Lanoue m'a » envoyé hier au soir. Il renferme » toute la succession de ton père. » Nous l'ouvrîmes : nous y trouvâmes quelques vêtemens à demi usés, un peu de linge et vingt écus. Les pauvres avaient empêché mon bon père d'économiser. « Qu'il est triste, dis-je à » Poussanville, qu'un tel homme n'ait » pas conservé ce zèle, cette ferveur, » qui constituent le bon, le véritable » catholique ! — Va t'habiller, ba
» vard, et viens me retrouver. J'assis
» terai aux funérailles de ton père; j'y
» représenterai le baron; tu te tien

» dras auprès de moi, et tu ne diras
» pas un mot, entends-tu? »

Nous partîmes. En approchant de
la maison de mort, je ne pensai plus
qu'à mon père. Mes yeux se remplirent de larmes. « Bien! me dit Pous-
» sanville, bien! Tu es né avec un
» bon cœur, et je retrouve mon ca-
» marade d'école. »

C'est un homme bien précieux qu'un
bon chirurgien, à la suite d'un siége
meurtrier. On n'eût pu faire au général Lanoue des obsèques plus magnifiques que celles qu'on avait préparées
pour mon père. Les gens en place, les
personnes les plus recommandables de
la ville suivaient immédiatement le
cortége. J'étais en tête du convoi avec
Poussanville. Les pauvres fermaient
la marche.

Théodore de Bèze prononça sur la

tombe un discours qui m'eût paru superbe, s'il n'eût été tout à fait étranger aux opinions religieuses. Je crus devoir prononcer à mon tour quelques mots d'une pieuse espérance en faveur du défunt. Je pris la parole aussitôt que Théodore eut cessé de parler. Poussanville me donnait des coups de coude, me marchait sur les pieds. J'avais commencé une improvisation très-orthodoxe; rien ne pouvait plus m'arrêter.

L'effet de mon discours fut terrible pour moi. Les grands avaient commencé par rire; bientôt le peuple entra en fureur. Je fus poussé, bafoué, couvert de boue, chargé d'imprécations. Je fuyais, quand je pouvais m'échapper des mains de ces furieux, et j'en retrouvais d'autres à qui on criait: C'est un catholique, c'est un moine. Je rentrai au palais avec des vêtemens en lambeaux, glacé d'effroi, et bien convaincu que les Rochellois étaient inaccessibles à la grâce. J'allai me jeter dans l'oratoire. J'y voulais remercier mon patron de m'avoir conservé la vie; j'y trouvai mademoiselle Colombe, qui décorait de fleurs l'image du grand saint Antoine.

Elle fut frappée d'étonnement et d'effroi, en voyant l'état déplorable où m'avaient réduit les huguenots. Elle me parla, elle m'interrogea. Je n'entendis que des sons confus; bientôt je perdis l'usage de mes sens.

Quand je revins à moi, je me trouvai soulagé, soigné par Colombe. Elle n'avait voulu, me dit-elle, partager avec personne le plaisir ineffable d'être utile au frère Antoine. Elle avait été, dans ma chambre, prendre des habits, du linge.

L'aiguière, dans laquelle elle conservait les fleurs destinées à former des guirlandes, servit aux ablutions, et j'allai, dans le coin le plus retiré de l'oratoire, me dépouiller de mes guenilles et me vêtir d'une manière décente. Je me sentais très-faible. Un déjeûner léger était auprès de Colombe. Elle me présentait ce qu'elle avait de meilleur, et ce qu'elle croyait pouvoir me plaire. Les plus jolies mains du monde passaient, repassaient sans cesse autour de moi, et me touchaient souvent. J'étais pénétré de la reconnaissance que je lui devais à tant de titres. J'arrêtai une de ses mains; je fixai une charmante figure de seize ans. Je voulus parler; les paroles expirèrent sur mes lèvres.

Nous nous regardions en silence. Colombe était rouge comme le feu;

j'étais retombé dans l'état fatal où m'avait mis la jeune fille que j'avais rencontrée sur la route de Châteaudun, et il n'y avait pas d'étang dans l'oratoire. Je tenais toujours cette main dangereuse. Tout à coup, je fis un effort violent; j'entraînai Colombe auprès de l'image révérée de mon patron. Je la fis tomber à genoux avec moi. « Demandons-lui, m'écriai-je, la
» grâce de pouvoir surmonter la na-
» ture. — Qu'est-ce que la nature,
» frère Antoine? — Colombe, nous
» nous aimons. — Oh, je vous aime
» beaucoup, frère Antoine. — Cet
» amour-là est un crime. — Il ne nuit
» à personne. — Il offense le ciel. —
» Pourquoi donc m'a-t-il donné un
» cœur? — Pour le vaincre, et lui offrir nos souffrances. — Vous souffrez
» donc aussi, frère Antoine? — Ne le

» voyez-vous pas? — Moi, je ne vois
» rien. — Colombe, vous avez toute
» votre innocence ; conservez-la, et
» pour cela il n'est qu'un moyen. —
» Et lequel ? — Il faut éviter de nous
» voir, et surtout de nous parler. —
» Voilà donc pourquoi vous m'avez
» traitée durement ; voilà pourquoi
» toutes vos attentions se portaient
» sur madame Claire?—Madame Claire
» n'est pas dangereuse.—Je commence
» à comprendre.

» — Colombe, jurons-nous d'être
» sans cesse sur nos gardes, ou nous
» sommes perdus.—Comment perdus!
» —Ma chère Colombe, je suis plus âgé
» que vous ; j'ai plus d'expérience ;
» mais il est des choses que je ne peux
» pas, que je ne dois pas vous expli-
» quer. — Oh, parlez, frère Antoine,
» je veux tout savoir. — Jurons, Co-

» lombe, jurons en présence de mon
» patron. »

Madame entra, suivie de ses autres femmes. Elle nous trouva à genoux, et nous marqua de la satisfaction. Elle me félicita d'avoir pu m'échapper des mains des huguenots : Poussanville lui avait tout appris. Je lui déclarai que je renonçais au dessein de faire des conversions dans cette ville abominable. « Vous avez raison, me dit-elle. Re-
» nonçons à des illusions flatteuses, qui
» ne peuvent se réaliser. Nous prierons
» ensemble, et je vous élève au rang de
» mon sacristain. Colombe et vous soi-
» gnerez l'oratoire. Vous y écrirez des
» homélies, que nous entendrons avec
» attendrissement. »

Je frémissais à l'idée du danger continuel où j'allais être exposé. Je périrai, pensai-je; Colombe périra. Il faut fuir. Je ne peux encore marcher longtemps. Mais j'ai vingt écus; j'achèterai une mule, et, avec ce qui me restera, je gagnerai un couvent de franciscains : ce sera pour moi le port du salut.

..... Mais mes vingt écus, où sont-ils? Je les avais ce matin dans ma bourse, suspendue à ma ceinture. J'étais presque nud quand je suis rentré ici.. .. Les misérables m'ont pris ou coupé ma bourse. Des huguenots doivent être des voleurs.

Je ne savais à quel parti m'arrêter. Je me décidai enfin à suivre madame, quand elle sortirait de l'oratoire. Je lui peignis, en traits de feu, ma situation et celle de Colombe, et je la suppliai, à genoux, de nous sauver tous deux. « Voilà de la véritable vertu, s'écria-
» t-elle, ou il n'y en a pas au monde.
» Vous m'inspirez de la vénération

» pour l'ordre des franciscains. Vous
» resterez à l'oratoire, et je chargerai
» Colombe d'autres fonctions. — S'il
» m'était permis, Madame, de fixer
» votre choix, je vous prierais de le
» faire tomber sur madame Claire. »
Elle sourit. « Vous aurez Claire, me
» dit-elle. » De quel fardeau je me sentis déchargé!

Poussanville me manda chez lui. Il me fit une mercuriale d'une âpreté, d'une sévérité! « Si tu n'avais eu af-
» faire qu'au général et au maire, ajou-
» ta-t-il, ils se fussent bornés à se mo-
» quer de toi. Ils veulent faire de la
» Rochelle une république indépen-
» dante, dont ils resteront les chefs. Ils
» n'ont pas de religion; mais pour réus-
» sir dans leur dessein, ils ont besoin
» du peuple. Il faut qu'il soit fanatique
» pour être soumis, et ils n'ont pu se

» dispenser de t'abandonner à sa fu-
» reur. Apprends à connaître les hom-
» mes et les choses, et renonce à tes
» idées folles et exagérées. Je te le ré-
» pète, fais-toi jésuite, si tu persistes à
» vouloir être moine. J'entrevois le
» moment où ils joueront un grand
» rôle dans l'État. — Le mien doit être
» tout d'humilité. — Imbécille! tu n'es
» propre qu'à faire un moinillon. Re-
» tourne à ton oratoire. »

Je n'y trouvai pas Colombe, et je soupirai. Madame Claire l'avait remplacée, et elle ne me donnait pas de distractions. J'étais désœuvré, et je commençai une homélie. La cloche nous appela pour dîner. Les femmes de la baronne me regardaient en-dessous, d'un petit air moqueur. J'en conclus qu'elles n'étaient pas aussi innocentes que madame le supposait. Colombe seule baissait les yeux, rougissait et mangeait peu. J'avais voulu me placer sur la même ligne qu'elle, pour être dispensé de la regarder. Ses compagnes l'avaient prévenue, et s'étaient arrangées de manière à ce qu'elle fût vis-à-vis de moi.

Je ne mangeais pas plus qu'elle. Nous avions tous les deux les yeux fixés sur notre assiette. Notre silence, notre maintien, une excessive réserve qui pouvait bien avoir quelque chose de ridicule, produisirent de ces mots qu'entendent si bien ceux qui se les adressent, mais qui sont tellement équivoques, que ceux dont on parle ne peuvent en paraître piqués. Je l'étais vivement, quoique je me tusse. Colombe n'y comprenait rien.

Je ne pouvais composer pendant toute la journée. Je me délassais en me livrant à ces observations qui m'avaient fait surnommer la mouche à Étampes. Elles tombèrent d'abord sur madame Claire, que je croyais aussi inaccessible à la tentation, que peu faite pour en inspirer. Mais je ne pus m'empêcher de voir ce qui se passait devant moi.

J'arrangeais mon plan de vengeance, ce qui, je le confesse, était un grand péché, et j'avais fermé les yeux : c'est le moyen d'être tout à ses idées. Claire allait, venait dans l'oratoire. Elle s'approchait de moi, s'en éloignait; des mouvemens d'impatience lui échappaient par intervalles. Je feignis de dormir, et j'entrouvris mes paupières d'une manière imperceptible. « Dormez-vous, frère Antoine? » Je ne répondis pas un mot. Elle prit ma plume : madame la baronne et moi étions les seuls qui en eussent dans ce quartier du palais. Claire avait tiré un valet de trèfle de sa bourse : ce genre de papier-là n'est jamais suspect. Elle écrivit, très-mal, mais de manière à être lue : A queu jeu meu daiplé issy ! On n'est jamais prolixe quand on écrit comme cela. Elle veut que son amant l'enlève. C'est clair. Elle se lève, marche sur la pointe du pied, et sort de l'oratoire. Ces précautions annonçaient nécessairement des desseins secrets. Je me lève à mon tour, je la suis dans un long corridor obscur, qui conduit à l'appartement du baron. Bientôt j'aperçois le jour, et je reconnais un homme gros, court, mal bâti, qui se promène dans une vaste salle, et qui étouffe des mots qui doivent ressembler à des juremens. Je reconnais M. Olivier, l'écuyer de monseigneur, et je me tapis contre le mur. Olivier prend le valet de trèfle des mains de Claire, et ses mains restent dans les siennes. Claire n'avait parlé à table que de choses indifférentes, et ce n'est pas elle que je voulais frapper. Cependant je désirais voir comment cette scène finirait.

Cette espèce de halle communiquait aux différens points du palais. Une, deux, trois des femmes de madame arrivèrent, et les principaux domestiques de monseigneur se présentèrent à elles avec toute la grâce dont ils étaient susceptibles. Oh, oh, pensai-je, voilà un singulier hasard! Tout le monde s'est donné rendez-vous à la même heure. Je ne verrai rien : quand on est huit, on se possède nécessairement. Cependant il est clair que le plus grand désordre règne dans cette maison. Ce qui le prouve jusqu'à l'évidence, c'est que

Colombe seule n'est pas présente à cette scandaleuse réunion.

Quel est mon devoir en cette circonstance délicate? La piété de madame est solide, éclairée. Elle ignore donc ce qui se passe chez elle. Elle me comble de bontés. Je dois, je veux lui faire connaître le mal, afin qu'elle y apporte un prompt remède.

Je retourne vers le point d'où je suis parti. Des éclats de voix, des rires soutenus me poursuivent. Ces gens-là, pensai-je, ont perdu toute espèce de pudeur et de crainte. Ce tapage suffit pour qu'on les surprenne.

J'entrai chez madame, et, rouge de colère, je lui racontai ce que je venais de voir et d'entendre. « Asseyez-vous,
» frère Antoine, me dit-elle, et écou-
» tez-moi. Nos domestiques ne peuvent
» se promener dans la ville, sans s'ex-

» poser à des scènes fâcheuses, quoi-
» qu'ils portent la livrée du baron : ces
» méchans huguenots ne respectent
» rien. Monseigneur s'est entendu avec
» le maire, et les marchands de la ville
» nous apportent ici ce qui nous est né-
» cessaire. L'intérêt leur tient lieu de
» ce qu'ils appellent leur conscience.

» Cependant nos gens ne peuvent
» passer les jours, les semaines, les mois
» dans une contrainte perpétuelle.
» Nous avons résolu, monsieur le ba-
» ron et moi, de leur abandonner, tous
» les jours, pendant deux heures, la vaste
» salle où vous les avez vus. Là, ils s'a-
» musent comme ils l'entendent, et il
» me paraît difficile qu'il se passe quel-
» que chose de répréhensible dans une
» réunion aussi nombreuse. »

Elle eût pu parler une heure encore,
sans que je pensasse à l'interrompre :

j'étais stupéfait, anéanti. « Mais, Ma-
» dame, repris-je d'un air timide et
» d'un ton doux, ce valet de trèfle....
» — Olivier profite des heures de ré-
» création pour apprendre à écrire à
» Claire, et peut-être veut-il enseigner
» ce qu'il ne sait pas : il aurait cela de
» commun avec bien d'autres. Claire a
» écrit sur ce valet de trèfle qu'elle
» s'ennuie à l'oratoire. Elle n'a pas la
» patience de Colombe; mais elle y
» restera, parce que vous le désirez,
» et que je le veux. — Mais, Madame,
» pourquoi s'éloigner de moi furtive-
» ment ? — Vous avez feint de dormir,
» et elle a craint de vous éveiller, voi-
» là tout. — Ah, ah, ah!... ah! »

Elle me laissa pousser tous mes ah!
et elle reprit ainsi : « Cependant, frère
» Antoine, cette réunion d'hommes et
» de femmes dont vous ne connaissiez

» pas les motifs, vous a blessé, et j'en
» conclus qu'elle n'est pas dans les con-
» venances. A l'avenir, mes femmes
» auront une chambre particulière et
» les hommes une autre. Je vais en
» faire la proposition à monseigneur. »

Je rentrai à l'oratoire, très-satisfait de ce que je venais de faire. Ah! vous me raillez, Mesdames, vous persiflez l'innocente Colombe! hé bien! vous n'aurez plus de communications avec personne, et cette punition est beaucoup plus douce que celle que je voulais vous faire infliger.

Je me frottais les mains avec une satisfaction inexprimable, lorsque mes yeux se portèrent sur l'image de mon patron. Il semblait me reprocher ma conduite, et, en effet, elle n'était pas innocente. Je lui demandai pardon, en continuant de me frotter les mains, et je sentis que la dévotion et la vengeance ne sont pas inconciliables.

Madame entra, suivie de ses femmes. Elles avaient l'air consternées. Bon, pensais-je, elles n'auront plus de relation avec aucun homme. Madame a parlé; monseigneur a adopté ses idées de décence, et déjà les ordres sont donnés. Oh, comme elles vont s'ennuyer!

Madame me demanda une homélie. J'obéis. Colombe s'était placée à mes pieds; elle me donnait des distractions, de ces distractions qui enlèvent entièrement un homme à ce qu'il fait. Je lisais mal, très-mal, je le sentais. Une des femmes de madame toussa avec force; une autre renversa un candelabre; la baronne prit un air sévère, et promena autour d'elle des yeux menaçans. Le calme se rétablit; mais Colombe était là. Je me conduisais comme un sot. Je le sentais.

Olivier entra fort à propos. « Ma-
» dame, dit-il, monseigneur demande le
» frère Antoine. » Je me levai précipi-
tamment ; je suivis l'écuyer, et je lui
savais très-bon gré de m'avoir tiré de
l'embarras extraordinaire où j'étais.

Le baron était assis dans son grand
fauteuil. Son air et son maintien étaient
menaçans. « Frère, me dit-il, je suis
» très-attaché à madame : je ne la con-
» tredirai jamais, surtout pour une
» chose aussi simple que l'ordre qu'elle
» veut établir dans sa maison. Mais je
» trouve mauvais, très-mauvais que
» vous cherchiez à vous emparer de son
» esprit ; que vous vous érigiez chez
» moi en manière de directeur ; que
» vous abusiez de votre ascendant pour
» porter madame à me demander des

» choses qui ne me sont pas agréables.
» C'est tout au plus ce que se permet-
» trait un jésuite. Hé ! qu'êtes-vous
» qu'un vermisseau, à qui j'ai accordé
» un asile, à la demande de M. de Pous-
» sanville, qui m'est très-utile, et que
» je considère beaucoup. Je vous pré-
» viens, qu'au premier acte d'autorité
» que vous exercerez sous le nom de
» madame, je vous ferai faire une jac-
» quette, ses accessoires, et que je vous
» ferai jeter, par mes gens, dans les
» rues de la Rochelle. Olivier, condui-
» sez-le chez M. de Poussanville. »

« Oh ! oh ! me disait Olivier, en me
» conduisant, vous avez cru que ma-
» dame ne vous nommerait pas à mon-
» seigneur, et c'est sur vos observations
» qu'elle a motivé sa demande de ré-
» forme. Tenez-vous bien, mon frère. »

« Hé bien ! me dit Poussanville, tu

» feras donc toujours des sottises. Tu
» ameutes toute une ville contre toi,
» et ne sachant plus que faire, tu bou-
» leverses la maison de monseigneur.
» Je me suis attaché à toi dès ton en-
» fance, quoique je fusse plus âgé de
» quelques années. Tu avais de la gen-
» tillesse, de la docilité, et je me plai-
» sais à te faire répéter les leçons que
» tu recevais de nos maîtres. On s'atta-
» che par les services qu'on rend, et
» voilà pourquoi je t'ai revu avec plai-
» sir; mais je ne croyais pas accueillir
» un brouillon fanatique. Tu t'es mis
» au plus mal avec monseigneur et
» tous les gens de la maison. Com-
» ment diable as-tu imaginé de les faire
» vivre comme s'ils avaient fait vœu
» de chasteté? — Ils ne sont donc pas
» chastes! — Je ne le crois pas. Il y a des
» cabinets qui aboutissent à la salle où

» tu les as vus.— J'ai donc eu raison de
» parler à madame comme je l'ai fait.
» — Tu as eu tort. Un petit novice
» franciscain s'ériger en réformateur
» de l'espèce humaine ! Cela fait pitié.
» Prends les hommes comme ils sont;
» laisse-leur faire ce qui leur convient,
» et évite soigneusement de te faire des
» ennemis, toi, qui as besoin de tout
» le monde. Voilà le dernier conseil
» que j'ai à te donner. Si tu t'en écartes,
» je t'abandonnerai à ton sort. J'ai à
» travailler. Laisse-moi. »

Transiger avec sa conscience, pensai-je en retournant chez madame, est l'action d'un lâche; c'est tout au plus ce que se permettrait un huguenot. Je poursuivrai le vice et l'hérésie sous quelque forme qu'ils se présentent à moi,..... Cependant, monseigneur et Poussanville ne me paraissent pas être dans des sentimens très-orthodoxes, et je ne peux m'élever contre eux.... Et puis cette petite Colombe!... Il me semble que je perds chaque jour quelque chose de mon goût pour la vie monastique. Ah! je le sens, la chasteté est une vertu bien difficile à pratiquer. Je me maintiendrai, moi, dans la bonne route, et je plaindrai simplement ceux qui s'en écarteront. Poussanville a raison : je ne me mêlerai plus de rien.

Cette résolution fut prise un peu tard. On descendit pour souper. Claire, en sa qualité d'aînée, faisait les honneurs de la table, et jusque-là elle n'avait pas manqué de m'offrir le meilleur morceau. Elle servit toutes ses compagnes, et remit le premier plat sur la table. On ne disait mot; on soupait, et on ne s'occupait pas plus de moi que si j'eusse été à Étampes. Co-

lombe me regarda d'un air affligé, et me passa une volaille. « Mangez, Ma-
» demoiselle, lui dit Claire, et ne vous
» mêlez pas du service. » Elle reprit le plat et voulut le remettre à sa place. Je lui abandonnai le vase, et je mis le poulet sur mon assiette : je voulais souper aussi.

Un murmure général s'éleva contre ma pauvre petite Colombe. Des femmes qui ont résolu de ne pas parler, et qui rompent le silence, ne s'arrêtent plus. « Nous ne sommes pas faites pour
» le servir, disait l'une; qu'il se serve
» lui-même, disait l'autre. » Toutes s'élevaient contre l'officieuse Colombe. Elles lui reprochaient d'oublier la dignité de son sexe, pour faire la cour au favori. Colombe ne répondait rien, et pleurait. Ce spectacle m'exaspéra. Je sentis que j'allais faire une scène;

mais une scène !... Je pris mon poulet, une bouteille de vin, et je sortis. Je gagnai ma chambre, poursuivi par les larmes de Colombe, lorsque je rencontrai madame. Ce poulet, cette bouteille, les mouvemens convulsifs de ma figure la frappèrent, l'arrêtèrent. Elle m'interrogea, et je ne pouvais mentir à madame. Je lui racontai ce qui venait de se passer. Elle me conduisit dans son appartement. « Frère An-
» toine, me dit-elle, votre piété solide,
» vos vertus m'ont touchée. Mais je
» commence à sentir que ces vertus
» sont plutôt celles d'un solitaire que
» d'un religieux destiné à vivre avec
» les hommes. Cependant si nous étions
» au centre de la France, je ne balan-
» cerais pas à leur sacrifier toutes mes
» femmes. Mais comment les rempla-
» cerais-je ici ? Me voilà réduite à opter

» entre elles et vous, et il faut que je
» sois servie. D'ailleurs, personne ne
» m'habillerait avec autant d'adresse
» et d'élégance que Claire ; personne
» ne donnerait à mes cheveux la tour-
» nure et la grâce que leur fait prendre
» Félicité. Je ne vois personne; mais
» à mon âge la toilette est un besoin
» de première nécessité. — J'entends,
» Madame, vous me chassez. — Non,
» frère Antoine, je ne vous chasse pas;
» je vous prie de vous retirer. Je vous
» ferai donner une mule et de l'argent.
» Si, plus tard, je peux vous être utile,
» je le ferai avec un extrême plaisir. »

Triste, abattu, je m'enfermai dans ma chambre. Je croyais madame à l'abri des séductions du monde, me disais-je, et elle m'a sacrifié à sa vanité ! Serait-il vrai qu'il ne peut exister d'être complètement vertueux ? moi-même, de quoi m'occupé-je exclusivement? une jeune fille s'est emparée de toutes mes facultés. Je ne vis, je ne respire que pour elle. Hier, de toute la journée, je n'ai pas adressé un mot à mon patron.

J'étais couché; je ne dormais pas. De tristes réflexions m'agitaient, me tourmentaient. J'entendis frapper bien doucement à ma porte. « Qui est là?
» — C'est moi, me répondit une voix
» douce, entrecoupée par des sanglots.
» Vous partez demain, frère Antoine;
» madame a donné ses ordres. Je ne
» veux pas me séparer de vous, sans
» vous dire un dernier, un éternel
» adieu. Ouvrez, mon frère, à votre
» Colombe. — Si je vous ouvre, Co-
» lombe, vous ne sortirez plus, et je
» n'aurai pas la force de vous renvoyer.
» — Ne vous suis-je pas soumise, frère

» Antoine? Je sortirai dès que vous » l'exigerez. » Je prévoyais toutes les conséquences d'une pareille entrevue. Cependant je fus faible, et j'ouvris.

Colombe était à peine entrée, que des clameurs frappèrent mon oreille. Une clarté de flambeaux se répandit dans le corridor. « Le voilà, le voilà » cet homme qui porte la vertu jus- » qu'au rigorisme, et qui reçoit une » jeune fille chez lui! La voilà, cette » innocente Colombe, qui vient cher- » cher un homme jusques dans sa cham- » bre à coucher! Les voilà, en tête-à- » tête, au milieu de la nuit! » C'était Claire, c'était Félicité. Elles avaient épié Colombe; elles l'avaient suivie. Elles avaient été éveiller madame; madame ne pouvait croire à ce qu'elles lui disaient. Cependant elle s'était enveloppée dans une robe de chambre, décidée à confondre la calomnie, ou à se laisser aller à toute sa sévérité.

Les faits parlaient contre Colombe et contre moi. Nous protestâmes en vain de notre innocence. Je conviens de bonne foi qu'il était impossible que madame y crût. « Hypocrite, me dit-
» elle, c'était donc pour éloigner toute
» espèce de soupçon, pour me plon-
» ger dans une sécurité absolue et aveu-
» gle, que vous m'avez suppliée de vous
» séparer de Colombe? Elle était déjà
» séduite. On la croyait ici pure comme
» l'innocence, et la petite fourbe affec-
» tait de dédaigner les jeux innocens
» de ses compagnes, pour assurer ses
» plaisirs clandestins et coupables.
» Éloignez-vous de cette chambre, Ma-
» demoiselle, et à la pointe du jour
» vous sortirez tous deux de la Ro-
» chelle. »

Je restai seul. Ainsi, me disais-je, les hommes jugent donc sur les apparences! Nous sommes condamnés, Colombe et moi, et le vice triomphe.

CHAPITRE IV.

Antoine la Mouche et Colombe sortent de la Rochelle.

Dès la pointe du jour tout était en mouvement dans le palais. Le premier individu que je rencontrai fut Olivier. « Votre mule vous attend, me dit-il, » et voilà une bourse que madame vous » donne. Allez, mon ami, et souvenez- » vous qu'il ne faut jamais se mêler des » affaires d'autrui. » Le second personnage qui se présenta à moi fut mon-

seigneur. Il passa, en me riant au nez et en levant les épaules. Poussanville allait, venait, et s'arrêta devant moi. « Une partie de mes prédictions s'est
» accomplie, me dit-il. Au reste, tu
» n'es pas à plaindre. On te donne une
» très-jolie fille, de l'argent et une
» bonne mule. C'est plus que tu ne pou-
» vais espérer en entrant dans cette
» ville. Prends mon épée. Si tu es atta-
» qué en route, tu te défendras mieux
» avec cela qu'avec ton chapelet.

» Nous te suivrons de près. Le géné-
» ral Lanoue nous a envoyé, à minuit,
» l'ordre de sortir de la Rochelle dans
» les vingt-quatre heures. — Bah ! —
» Je n'ai pas trop le temps de causer.
» Cependant il est possible que nous
» ne nous revoyions jamais, et je veux
» te donner une dernière leçon. » Il me conduisit dans son cabinet.

« Le cardinal de Lorraine, oncle des
» Guise actuels, avait formé le plan
» d'une congrégation générale des ca-
» tholiques. Henri de Guise vient de
» l'exécuter. Il a formé cette association
» pour protéger, dit-il, la religion, le
» roi, et l'indépendance de l'État. Il a
» donné à cette ligue le nom de *sainte*.
» Combien de fois on a conspiré à la fa-
» veur de ce mot révéré!

» Le pape et le roi d'Espagne applau-
» dissent ouvertement à cette institu-
» tion, et la favorisent de tout leur
» pouvoir. Je te parle là de choses dont
» tu n'as aucune connaissance ; mais
» cette exposition me conduira natu-
» rellement aux documens que j'ai à te
» donner.

» Guise affecte un grand attache-
» ment pour le roi qu'il veut détrôner.
» Il l'entraîne à des démarches propres

» à l'avilir, et par conséquent à lui
» faire perdre l'estime et la confiance
» des Français. Bientôt Guise, je le pré-
» vois, attaquera le monarque ouver-
» tement, et déjà les deux partis sont
» en présence. L'un dit à l'autre : Otez-
» vous de là que je m'y mette. L'autre
» répond : J'y suis, et j'y reste. Voilà,
» en quatre mots, l'histoire de toutes
» les guerres civiles et de toutes les fac-
» tions.

» On lève, dans toutes les provinces,
» des troupes catholiques, et les réfor-
» més inquiets se préparent à se défen-
» dre. C'est ce qui nous a fait donner
» hier notre congé.

» Dans les conjonctures délicates, il
» faut toujours se conduire d'après les
» vraisemblances; souviens-toi de cela.
» Quelles sont-elles aujourd'hui?

» Henri III est livré à de sales dé-

» bauches, et à une dévotion puérile.
» Il ne peut rivaliser de talens et d'a-
» dresse avec le duc de Guise. C'est
» donc à ce dernier qu'il faut s'attacher,
» et c'est ce que j'ai conseillé à mon-
» seigneur.

» Guise lui donnera un corps d'ar-
» mée, qu'il commandera au nom de
» ce roi, qu'il contribuera à renverser,
» quand il en recevra l'ordre. Un géné-
» ral qui tire l'épée n'a pas besoin de
» secrétaire. Je suis las, d'ailleurs,
» d'une place que je crois fort au-des-
» sous de mes moyens. Guise a tout
» l'orgueil que peuvent donner de
» grandes qualités. Il est sensible aux
» éloges. Je déterminerai facilement le
» baron à me présenter à lui, et, de ce
» moment, une fortune rapide et bril-
» lante m'est assurée.

» Je ne crois pas que, possesseur

» d'une jolie fille, tu penses à rentrer
» dans ton couvent. — Possesseur !
» possesseur ! — Quoi qu'il en soit, et
» quelque parti que tu prennes, ne t'a-
» vise pas de crier vive Guise devant
» des royalistes, s'il en est de bonne
» foi, ni vive le roi en présence des
» partisans du duc. Marche toujours
» au soleil levant, et si tu le vois s'obs-
» curcir, tourne-toi de l'autre côté :
» l'homme adroit et réfléchi profite
» toujours des fautes des autres. »

Il m'embrassa, me fit sortir de son cabinet, et retourna diriger les préparatifs du départ.

Les domestiques des deux sexes étaient trop occupés pour qu'ils pensassent à me tourmenter. Je descendis dans la principale cour ; je la parcourus rapidement des yeux : on prévoit ce que je cherchais.

Colombe était assise sur le petit paquet qui contenait ses effets. Elle avait la tête appuyée sur ses deux mains; des larmes coulaient entre ses doigts effilés. « Colombe, ma chère Colombe, » ne pleurez pas. Que craignez-vous? » J'aurai pour vous les ménagemens » que tout homme honnête doit à l'in- » nocence, et je vous prodiguerai les » soins du frère le plus tendre. — Je » sais que je vais être en votre puis- » sance ; mais je vous connais, et ce » n'est pas ma position qui m'arrache » des larmes. C'est la douleur, c'est la » honte d'être traitée en coupable. » Elle avait relevé sa tête; ses yeux étaient fixés sur les miens Jamais je ne les avais vus aussi expressifs, aussi touchans. Ils portaient le trouble dans tout mon être. Qu'allais-je devenir, pendant des heures, des jours entiers, où nulle barrière ne s'élèverait entre Colombe et moi? « O mon patron, m'écriai-je, » ne m'abandonnez pas! »

Madame me croyait innocent, quand elle m'avait promis les moyens de voyager commodément. Son opinion, à mon égard, était tout-à-fait changée, et cependant elle avait tenu rigoureusement ses promesses, ou plutôt ses ordres étaient donnés, et elle avait dédaigné de les révoquer. Une belle et bonne mule était attachée par la bride dans la cour où nous étions. Une valise était fixée sur la croupe. Elle contenait, sans doute, des effets plus précieux que les miens. Une bourse, bien garnie, était placée dans une des fontes de pistolets. Cela valait mieux que des armes dont je n'aurais pas su me servir. Je regardai partout autour de moi, et je ne vis rien qui pût être destiné à Colombe. C'est sur cette tendre victime que madame avait épuisé sa sévérité.

On commençait à descendre des caisses, des ballots, et nous ne pouvions rester plus long-temps dans cette cour. J'attachai, du mieux que je pus, le paquet de Colombe sur ma valise. Je me mis en selle, et je conduisis ma mule près des marches en pierre destinées à l'usage des dames qui n'ont pas la jambe assez longue pour atteindre à l'étrier. Colombe se plaça derrière moi.

Tout avait été prévu pour la sûreté de monseigneur et la nôtre. Une garde de cinquante hommes était placée à la porte extérieure du palais. Le chef avait l'ordre de faire accompagner et protéger les catholiques jusqu'à ce qu'ils fussent sortis de la ville. Dix hommes se détachèrent, et nous conduisirent jusque dans la campagne.

J'avais été contraint, jusqu'alors, de retenir ma mule : je ne voulais pas qu'elle dépassât les deux lignes qui étaient notre sauve-garde, et qui marchaient au pas. Ces huguenots avaient regardé Colombe très-attentivement, et il leur était échappé, par intervalles, des exclamations énergiques qui ne s'accordaient pas avec sa pudeur. Elle s'était bouché les oreilles, et je m'étais résigné, à l'aspect des longues pertuisanes que portaient nos gardes.

Mais quand nous fûmes libres, je respirai, et je commençai à parler à ma charmante compagne. Elle me répondait, et nous étions entièrement à notre conversation. Elle s'animait, par degrés, et je ne pensais plus à conduire notre mule. Elle prit le trot. Le paquet de Colombe, mal fixé, vacilla sous elle. Elle passa autour de moi le plus joli bras du monde : il était tout simple qu'elle cherchât à prévenir une chute. Il était de mon devoir de l'en garantir. Je pris cette main qui s'offrait à moi, et je la pressai avec plus d'amour que de force. Colombe soupirait ; des mots entrecoupés s'échappaient de ses lèvres rosées ; moi, je ne me connaissais plus ; je ne me possédais plus.

Je sautai à terre ; il était temps. Colombe partageait mon délire ; rien n'eût pu prévenir une faute que nous n'avions jamais pensé à commettre, et pour laquelle, cependant, nous étions punis. Je poussai doucement mon amie, et je la plaçai sur la selle. Je conduisis la mule, la bride passée à mon bras, et je me retournais à chaque pas, pour m'assurer que Colombe n'avait besoin de rien, je le lui disais au moins ;

mais je sentais bien que ce n'était pas la plus forte raison qui me faisait regarder en arrière. Je me demandai ce que c'est que l'amour. Je m'examinai, et je tremblai d'être réellement amoureux. Bientôt, je déclarai à Colombe que j'étais coupable du crime d'amour. Elle me répondit avec ingénuité qu'elle était ma complice. « Mais est-ce un si
» grand crime, lui dis-je ? — Je ne le
» crois pas, frère Antoine. — Cela fait
» un bien !... — Oh ! oui, je le sens. —
» Et puis il est écrit : il n'est pas bon
» que l'homme soit seul. — Voilà, peut-
» être, pourquoi nous sommes deux. —
» Colombe, il est impossible que nous
» prolongions la position où nous som-
» mes, sans succomber. — J'en ai peur,
» frère Antoine. — Je suis loin d'avoir
» la vertu de mon patron, — Il n'est
» pas donné à tout le monde de por-

» ter, jusque là, l'abnégation de soi-
» même. — Colombe, nos premiers
» parens se sont mariés. — Mon cher
» Antoine, c'est un grand exemple à
» suivre. — Le veux-tu, ma Colombe!
» — Oh! oui, mon Antoine. — Nous
» sommes libres l'un et l'autre; nous
» approchons de ce village; j'y vois un
» clocher. Nous trouverons là un prêtre
» catholique, et nous prononcerons,
» devant lui, le serment de nous aimer
» toujours. — Antoine, fais trotter la
» mule. »

Je courais, je courais!... et j'excitais de la voix l'animal qui portait ma vie, mon univers. Nous entrâmes à Benon. Benon! village précieux, dont le nom est pour jamais empreint dans ma mémoire!

Je marchai droit à l'église. Je me souvins, alors, de la manière dont j'avais perdu mes vingt écus à la Rochelle. Je pris la bourse que madame m'avait envoyée, et je l'attachai à ma ceinture. Je reçus Colombe dans mes bras; je la posai doucement à terre, et nous entrâmes dans le temple saint. Un prêtre, dont le temps avait blanchi la chevelure, célébrait les adorables mystères. Nous approchâmes de l'autel, Colombe et moi, dans un pieux recueillement. Nous nous unîmes d'intention au célébrant, et quand il eut prononcé ses derniers mots, nous nous approchâmes de lui, et nous le priâmes de nous unir. Avec quelle ardeur nous lui adressâmes notre prière! Avec quelle bonté il nous écouta!

Colombe était orpheline, moi je venais de perdre mon père. Ma mère était si éloignée de nous, que je ne pouvais attendre son consentement. Nous

n'avions aucun papier qui constatât ce que nous avancions. « Vous êtes jeu-
» nes, nous dit le prêtre, et votre air,
» votre ton, vos paroles attestent votre
» candeur. Il faudrait le consentement
» de votre mère ; mais, dans les circons-
» tances actuelles, les communications
» sont difficiles. La guerre va éclater.
» déjà les catholiques font justice des hu-
» guenots, quand ils sont les plus forts.
» Les huguenots persécutent les catho-
» liques, quand ils peuvent le faire
» impunément, et cette jeune fille a
» besoin d'un protecteur. Je vais vous
» unir. »

Jamais peut-être on ne prononça avec autant de sincérité le serment d'une fidélité éternelle. Le digne prêtre nous délivra l'acte qui constatait notre union, et il me tendit la main. J'y mis une pièce d'or, et cette main ne se retirait pas ; j'ajoutai une seconde pièce à la première. Le prêtre nous bénit, et nous sortîmes du temple saint dans l'enchantement, l'ivresse, le délire.

Un guerrier, dans la force de l'âge, suivi de quatre cavaliers, était arrêté à la porte de l'église. Il regardait ma mule, elle n'avait pas changé de position. Elle avait la croupe tournée vers la ville impie. « Jeune homme, me dit le ca-
» pitaine, venez-vous de la Rochelle?—
» Oui, monsieur.—J'y suis envoyé par
» le roi de Navarre et le prince de
» Condé. Que disent, que font le gé-
» néral Lanoue et le maire Jacques
» Henri? — Ils persévèrent, et main-
» tiennent le peuple dans leurs affreux
» principes. — Ah, tu es un de ces ca-
» tholiques exaspérés, qui sont toujours
» altérés du sang des protestans ! Je
» vais t'apprendre qu'on ne se déclare

» pas impunément l'ennemi du capi-
» taine Thierry. Ah, ah, voilà une jolie
» fille, une fille charmante.—C'est ma
» femme, monsieur le capitaine; nous
» venons de nous marier. — Apprends
» qu'en temps de guerre, le capitaine
» Thierry ne rencontre pas une jolie
» femme catholique sans lui laisser des
» souvenirs. — Que dites-vous, Capi-
» taine? Que projetez-vous?..... A moi
» les catholiques..., à moi les catho-
» liques. »

Ils étaient en force à Benon. A l'instant des hommes armés de fourches, de faux, de mousquets, sortent des maisons voisines, et me demandent de quoi je me plains. Le curé paraît sur les degrés de l'église, et pour la dix-millième fois, il excommunie les huguenots, qui se moquent de l'excommunication. Thierry se voit au moment d'être cerné, il prend Colombe par un bras, l'enlève, la met sur l'arçon de sa selle, pique des deux, et ses cavaliers le suivent.

Non, jamais homme n'éprouva un accès de fureur égale à celle qui s'empara de moi. Je sautai sur ma mule, je la mis au galop, je tirai mon épée, l'épée que m'avait donnée Poussanville, décidé à reprendre ma femme, ou à mourir les armes à la main. Les catholiques n'avaient que des chevaux de travail, et aucun d'eux n'était sellé. « Courage! me criaient-ils, courage. » Vous allez combattre pour la bonne » cause, et vous triompherez. »

Je m'aperçus bientôt que les chevaux des huguenots étaient fatigués d'une longue route, ou que mon patron ralentissait leur marche. Ma mule était fraîche, et gagnait du terrain sur eux.

J'arrivai, j'arrivai enfin, ivre de colère, du désir de me venger, et de délivrer Colombe.

Je tombai sur Thierry, et je lui assenai sur la tête un coup terrible, mais mal dirigé : il portait un casque. J'aurais dû chercher le défaut de sa cuirasse; mais je ne savais pas encore ce que c'est qu'une cuirasse. Thierry fait volte face, tient Colombe d'un bras vigoureux, et de l'autre il pare en riant les coups redoublés que je lui porte. Colombe m'invoque et me transforme en héros. Je continue de frapper, et d'estoc et de taille. Le sang de Thierry coule sur une de ses cuisses, il devient furieux, et se précipite sur moi. Ses cavaliers m'entourent le pistolet au poing, ma dernière heure va sonner.

Tout à coup la scène change. Thierry roule à mes pieds. Ses gens demandent la vie, et rendent leurs armes. Colombe saute sur la croupe de ma mule avec la légèreté d'un oiseau. O grand saint Antoine, m'écriai-je, vous avez combattu pour moi !

« Bien, très-bien, s'écria une voix, que
» je ne reconnus pas d'abord; tu t'es
» conduit comme un petit César. »
Quand on se bat pour la première fois, et qu'on n'est soutenu que par la colère, un accablement profond succède à des efforts violens. Mes idées n'avaient plus de suite; mais je sentais Colombe derrière moi, et je me remis peu à peu. Je reconnus Poussanville; c'est lui qui avait fait mordre la poussière à Thierry. Biron, l'épée à la main, était prêt à combattre des ennemis, dont il croyait voir l'avant-garde. Ses domestiques, armés jusqu'aux dents, avaient cerné les quatre cavaliers, et les avaient

forcés à se rendre. L'écuyer Olivier, frappé d'un coup de lance dans la poitrine, était étendu par terre. Madame la baronne, dans sa coche, ses femmes dans les fourgons, avaient prié, et priaient encore pour les combattans.

Mes premiers soins furent pour Colombe. O douleur! sa robe était tachée de sang. «Malheureux! m'écriai-je, c'est » moi qui l'ai blessée. — Je ne le suis » pas, mon ami... Oh ciel! ce sang qui » t'effraie est le tien. » Je m'examinai. J'avais reçu un coup de pointe dans le flanc gauche, et dans la chaleur de l'action, je ne l'avais pas senti. Colombe saute à terre; elle me présente des mains secourables; je me laisse aller dans ses bras. Elle m'assied sur une pierre; elle déchire ses vêtemens pour me panser. Poussanville accourt. Il examine ma blessure, et prononce qu'elle est légère.

Je me sentais très-faible. Cependant je remarquai qu'il souriait en regardant Colombe. Je tirai de ma bourse l'acte de notre mariage, et je le lui présentai. « Mon brave ami, me dit-il,
» voilà qui répare tout. — Mon cher
» Poussanville, il n'y avait rien à répa-
» rer. Elle n'est pas même encore ma
» femme. — Bah! cela est-il possible? »

Olivier se sentait frappé à mort, et il demanda à parler à Madame. La baronne ne balança pas à descendre de sa coche pour écouter un mourant. « Madame,...... furieux,..... vos fem-
» mes et nous....... des privations que
» nous avait imposées le rapport d'An-
» toine........ nous avons résolu de le
» perdre... et d'envelopper Colombe...
» dans le châtiment.... que nous vou-

» lions lui..... faire subir..... Nous les
» avons... calomniés... Que... le ciel...
» nous pardonne. » Il expira. Poussanville s'était approché. Il déclara à madame que les soins que me prodiguait Colombe étaient légitimes, et que nous venions de nous marier à Benon.

« Une bonne catholique, s'écria ma-
» dame, ne rougit jamais de réparer ses
» torts. » Elle vint à nous, et daigna nous prier d'oublier son injustice. « J'en
» effacerai jusqu'aux dernières traces,
» nous dit-elle. » Bientôt, notre petit champ de bataille offrit un tableau bien neuf, et bien frappant pour moi.

Les quatre cavaliers de Thierry avaient les mains liées derrière le dos. Deux des domestiques du baron les gardaient, l'épée à la main. Les autres faisaient un trou dans un champ voisin, et y déposèrent l'écuyer, après l'avoir déshabillé, selon l'usage. Les femmes de madame avaient reçu l'ordre de descendre de leur fourgon. Elles étaient sur le chemin, le paquet sous le bras ; elles avaient l'air triste, abattu, et semblaient se consulter sur la route qu'elles devaient prendre. Je les comptai : il en manquait deux. C'étaient Claire, qui habillait madame avec tant d'adresse et d'élégance, et Félicité qui donnait à ses cheveux une tournure et une grâce inimitables. Serait-il vrai que, dans toutes les circonstances, l'amour de la toilette soit la passion dominante des femmes ? Les mules et les chevaux, abandonnés à eux-mêmes, paissaient sur les revers des fossés qui bordaient le chemin. Le baron et Poussanville, à cheval, allaient, venaient, causaient, et paraissaient s'occuper d'objets sérieux. Le baron s'approcha de madame, qui, après avoir chassé ses femmes, était revenue auprès de nous.

« Vous êtes bien la maîtresse, lui
» dit-il, de faire de ces pimbêches là ce
» que vous voulez. Mais vous savez,
» Madame, que Thierry aimait beau-
» coup les femmes, et je présume que
» ces quatre drôles, qu'on tient là, ne
» les haïssent pas. Que fussiez-vous de-
» venue, si mes domestiques, aussi fi-
» dèles que braves, n'eussent exposé
» leur vie pour vous ? Vous permettrez
» donc que je les garde. Je ne suis pas
» encore à la tête d'une armée, et la
» scène d'aujourd'hui peut se renouve-
» ler demain.

» Il paraît que vous reprenez Co-
» lombe, et j'en suis bien aise. Je ne
» puis vous donner une marque plus
» prononcée de ma déférence pour
» vous, qu'en vous demandant ce que

» vous désirez que je fasse pour An-
» toine. Il s'est battu bravement, et il a
» renoncé à ses idées monacales, puis-
» qu'il vient de se marier. — Monsieur,
» j'ai quelques scrupules sur ce mariage
» là. Il est bon, selon l'Église; mais il
» me semble que les formes légales n'ont
» pas été observées. — Hé, Madame,
» est-ce lorsque toute la France court
» aux armes qu'on peut s'occuper de
» longues formalités? Benon est au-
» jourd'hui aux catholiques. Demain,
» peut-être, il sera aux protestans. Cal-
» mez vos scrupules, puisque l'Église
» est satisfaite, et dites-moi, je vous en
» prie, ce que je peux faire pour votre
» protégé. — Monsieur, vous avez eu
» le malheur de perdre votre écuyer...
» —Hé, Madame, je ne peux donner
» cette place à un jeune homme qui sait
» à peine se tenir sur une mule. Je

» compte faire un aide de camp de
» M. de Poussanville, et je lui adjoin-
» drai Antoine pour la partie des écri-
» tures. Voilà ce qu'il lui faut. Antoine,
» de ce moment, vous vous appelez
» Monsieur de la Moucherie : un hom-
» me comme moi ne peut admettre à
» son intimité que des gentilshommes.
» Il faut masquer votre roture. »

Monseigneur ne me donnait pas le titre de son secrétaire ; n'importe, la place qu'il me proposait me convenait beaucoup. Elle assurait mon existence, et son écrivain devait, peu à peu, connaître ses secrets et ceux du duc de Guise, si le baron entrait en correspondance avec lui. Quelle satisfaction pour moi de pénétrer les secrets de l'État ! Je marquai une vive reconnaissance au baron, qui était trop heureux de m'avoir trouvé là pour remplacer

Poussanville, et cacher son ignorance à tous les yeux. Je commençais à comprendre que les gens instruits doivent régir le monde, quand les circonstances les favorisent. Guise n'avait pas besoin de secrétaire.

Colombe était aux genoux de Madame. Il faut, lui disait-elle, rendre le bien pour le mal, et elle lui demandait, avec de vives instances, la grâce de ses femmes. Elles étaient toujours là, leur paquet sous le bras, et elles observaient attentivement ce qui se passait de notre côté.

« Hé, Madame, dit le baron, il est
» des peccadilles que les maîtres doi-
» vent paraître ignorer. — Des pecca-
» dilles, Monsieur ! — Je ne connais
» de fautes graves que celles qui nuisent
» à la régularité du service. Soyons in-
» dulgens, puisque nous avons le mal-

» heur de ne pouvoir nous passer de
» domestiques. Colombe est une ex-
» cellente petite femme; elle vous four-
» nit l'occasion de pardonner. Vous
» en profiterez si vous voulez m'en
» croire. »

Madame prononça une amnistie générale, et elle finit par quelques mots sur la nécessité de revenir aux bonnes mœurs. Le baron rit, leva les épaules, et retourna auprès de Poussanville.

Une autre scène commença. Les quatre prisonniers furent désarmés, renvoyés, et s'enfuirent comme s'ils eussent eu une meute à leurs trousses. Les femmes de service passèrent, d'une pénible anxiété, à la joie la plus vive. Elles comblèrent madame de protestations pour l'avenir, et de remercîmens qui partaient du cœur : on est toujours sincère, au moins pour un moment, envers ceux à qui on doit la transition d'une situation affligeante à celle qu'on désirait. Elles vinrent toutes embrasser Colombe, et la prier d'oublier le passé. Les domestiques s'approchèrent, et me firent leur compliment sur le grade où venait de m'élever monseigneur. La joie était peinte sur tous les visages; la gaîté régnait partout.

On tira d'un fourgon les provisions de bouche. Le couvert fut mis sur l'herbe, et on forma différens groupes, selon la qualité de chacun. L'écrivain de monseigneur ne pouvait prétendre à manger avec lui. Il ne devait pas non plus être confondu avec les domestiques : j'avais déjà la morgue de mon nouvel état. Monsieur et madame de la Moucherie se tirèrent de la foule, et l'amour le plus tendre vint se grouper avec eux. J'avais perdu du sang; j'étais faible ; je ne pouvais qu'aimer ; mais mon cœur n'avait pas un battement qui ne fût pour Colombe. Avec quel charme elle me regardait ! Avec quel empressement elle me servait ce qui pouvait me convenir ! Nous n'avions qu'une fourchette et qu'un verre à nous deux : nous n'en désirions pas davantage.

Le bien qu'on fait n'est jamais perdu. Les domestiques, sans qu'on leur en donnât l'ordre, sans même qu'on leur dît un mot, s'occupèrent des moyens de transporter le blessé : il ne pouvait supporter les cahots d'un fourgon. Une hache suffit pour couper des branches d'arbres, et en faire un brancard d'une tournure grotesque, mais assez solide pour porter un fardeau plus lourd que celui qu'on allait lui confier. On le chargea de deux matelas, on l'attacha sur deux mules, et on m'aida à m'y placer. Colombe s'élança et se plaça auprès de moi. La caravanne se remit en route au bruit des chansons : on chante volontiers quand on est heureux.

« Monseigneur a raison, dis-je à Co-
» lombe. Mes idées monacales s'éloi-
» gnent de moi quand je te regarde,
» quand je presse ta main. Poussan-
» ville avait raison aussi, quand il me
» disait : Prends les hommes comme
» ils sont, et laisse-leur faire ce qui
» leur plaît. — Mon cher Antoine,
» bornons-nous à être bons catholi-
» ques, et à nous aimer. Je sens que
» l'amour suffit pour remplir tous nos
» momens. » De tendres caresses interrompaient nos réflexions. Colombe jugeait qu'elles pouvaient être dangereuses pour moi ; elle leur donnait les

bornes que lui indiquait sa prudence de seize ans; moi, je maudissais ma blessure.

Nous avancions avec sécurité. Nous approchions de la ville de Melle, où Monseigneur avait décidé que nous passerions la nuit. Tout allait bien jusques là.

Tout à coup, un nuage de poussière s'éleva devant nous. Bientôt nous distinguâmes une cinquantaine de cavaliers, qui venaient à nous, à toute bride. Un moment après, nous reconnûmes que les quatre prisonniers, que Monseigneur avait eu l'imprudence de renvoyer, leur servaient de guides.

Le baron tira l'épée; Poussanville suivit son exemple; les domestiques apprêtèrent leurs armes à feu, et se mirent en bataille en avant de la coche, du brancard et des fourgons. Je tremblai pour Colombe.

Le chef des ennemis s'avança droit au baron, le pistolet au poing. C'était le prince de Condé. Ses gens nous cernèrent de toutes parts.

« M. le baron, vous êtes mon pri-
» sonnier. — Comment! Monseigneur,
» sans déclaration de guerre, avant
» même qu'elle soit commencée! —
» Vous ne saviez donc rien à la Ro-
» chelle de ce qui se fait sur toute la
» France? La Ligue, que vous appelez
» sainte, et qui ne l'est pas du tout,
» se répand de tous les côtés, comme
» un torrent dévastateur. Ses mem-
» bres, liés par un serment redoutable,
» se multiplient tous les jours. Ils ne
» sont pas encore réunis en corps d'ar-
» mée; mais partout où ils sont les plus
» forts, les protestans sont vexés, tour-

» mentés, torturés, égorgés. Il faut
» mettre fin à ces excès, et nos co-re-
» ligionnaires se lèvent en masse. Déjà
» je vous ai pris Melle et toutes les
» petites villes situées dans les environs
» de la Rochelle. La Saintonge et le
» pays d'Aunis sont le noyau d'un état
» indépendant, que Catherine de Mé-
» dicis, le Roi et les Guises nous obli-
» gent à former. Ils ne font la paix que
» lorsqu'ils nous craignent, et ils se
» font un jeu de violer les traités et
» leurs sermens. Vous sentez bien,
» monsieur le Baron, que je n'aurai
» pas la maladresse de leur renvoyer
» un général tel que vous. Votre va-
» leur, vos talens militaires ont seuls
» réduit la Rochelle, il y a trois ans;
» mais entre gens comme nous, tout
» s'oublie, parce que tout peut se ré-
» parer. Passez de notre côté. Henri,

» roi de Navarre, sera votre ami, et
» vous serez mon égal. Henri IV est
» l'héritier présomptif de la couronne
» de France; il connaît votre mérite;
» il considère votre famille. Vous sen-
» tez jusqu'où vous pouvez pousser
» votre fortune. Vous n'avez qu'un
» moment pour vous décider. Soyez
» notre allié, ou mon prisonnier. Pen-
» dant que vous réfléchirez, je vais
» saluer madame de Biron. »

Il s'approcha d'elle avec des marques de considération et une amabilité qui parurent la toucher. Il lui protesta que quelle que fût la détermination du Baron, personne ne manquerait aux égards dus à sa naissance et à ses qualités personnelles. « Quel langage, quelle
» douceur, me dit Colombe ! Les hu-
» guenots ne sont donc pas des tigres
» altérés de sang comme on me l'a dit

» cent fois ? — Ne vois-tu pas que le
» loup s'est revêtu de la peau de l'a-
» gneau ? Le Prince veut attirer Mon-
» seigneur dans son parti, et on ne
» fait de ces choses là qu'avec de belles
» paroles. » J'avais réfléchi à tout ce
que m'avait dit Poussanville, et mon
jugement se développait.

Je prêtais une oreille attentive à tout
ce qui se disait autour de moi. Le Baron et mon ami se parlaient à demi-
voix ; mais je saisissais toujours quelque chose. « Soyez prisonnier un mo-
» ment, Monseigneur..... les chances
» de la guerre vous rendront la liberté..
» le roi saura que vous avez résisté aux
» séductions du prince de Condé.....
» le bâton de maréchal sera votre
» récompense. — Mais si les protes-
» tans sont vainqueurs ? — Ils ne peu-
» vent obtenir que des succès passa-

» gers.... les trois quarts des Français
» sont catholiques. » Ainsi, pensai-je,
l'intérêt personnel est le grand régulateur de tous les hommes. Le prince
de Condé était brave, mais généreux.
Il était bon général; mais il ne sut jamais profiter du moment, et les petites
choses ne doivent pas être négligées.
Il me semblait à moi, pauvre petit,
qu'au lieu d'user le temps en courtoisies auprès de Madame, le Prince devait nous conduire tous à Melle, où
il se fût expliqué sans danger, et aussi
louguement qu'il l'eût voulu.

Il retourna enfin demander au baron
à quoi il s'était décidé. Il s'arrêta devant mon brancard, et fixa Colombe.
« Voilà une bien jolie fille, s'écria-t-il !
» — Mon Prince, elle est ma femme.
» — Cela ne l'empêche pas d'être char-
» mante. » Allons, me dis-je, Thierry

voulait tout devoir à la force, et celui-ci croit réussir avec ses paroles de miel. Tous les huguenots sont des coquins.

Mes réflexions m'avaient empêché d'entendre ce que le prince et le baron s'étaient dit; mais je vis monsieur de Biron présenter son épée au vainqueur. « On ne désarme pas un homme comme
» vous, lui dit le prince. Gardez votre
» épée, et puissiez-vous vous décider à
» la consacrer au service de la justice
» et de l'humanité. » Il ordonna qu'on se mît en marche.

J'étais au désespoir. Je pressentais que j'allais être séparé de Colombe. « Quand donc, m'écriai-je, me sera-
» t-il permis d'être le mari de ma
» femme! Quand donc, me répondit-
» elle, pourrai-je être la femme de mon
» mari! »

Nous avancions vers Melle. Colombe

et moi, étions plongés dans la plus profonde tristesse. Tout à coup, nous entendons pousser de grands cris.

Nous avions, à notre gauche, une colline, que couvrait un bois taillis. Une colonne d'infanterie, de deux mille hommes au moins, déboucha du bois, et se divisa en deux corps. L'un marcha vers la grande route, du côté de Melle, avec l'intention, sans doute, de couper la retraite au prince de Condé. L'autre semblait se diriger sur nos derrières. Chacune de ces colonnes était précédée de deux pièces d'artillerie. « Ce sont les ligueurs, s'écria » le prince de Condé! » Fort heureusement pour lui, ils n'avaient pas de cavalerie; mais il ne lui restait pas un instant à perdre pour se mettre en sûreté. Il ne pouvait contraindre monsieur de Biron à prendre le grand galop pour le suivre, Il fallait le tuer sur la place, ou l'y abandonner à lui-même. Thierry n'eût pas balancé à prendre le premier parti. Le prince de Condé se décida pour le second. En un clin-d'œil il disparut, lui et les siens.

Ce cri : ce sont les ligueurs, me rendit à moi-même. Nous sommes avec des catholiques, dis-je à Colombe, en l'embrassant tendrement; nous voilà en sûreté. Les deux corps s'approchèrent de nous, et on commença à s'entendre. Le bruit des succès du prince de Condé avait alarmé jusqu'au duc de Guise, qui ne connaissait pas la crainte. Il avait envoyé, dans le Poitou, Livarot, l'un des sales favoris du roi, avec l'ordre de lever ce qu'il y aurait de ligueurs, d'observer les opérations du prince de Condé, et de lui rendre compte de tous ses mouvemens.

Nous avons appris, plus tard, qu'il croyait que Livarot se conduirait en lâche, et que le roi achèverait de se perdre dans l'opinion publique, quand on connaîtrait bien les hommes à qui il prodiguait ses faveurs.

Livarot était brave, et il le prouva dans le combat singulier qu'il soutint deux ans après, avec Cailus et Maugiron, contre d'Entragues, Riberac et Schomberg ; mais il ne savait pas faire la guerre. Il le prouva sans réplique, en s'avançant au milieu des places qu'occupaient les huguenots. On sent bien que je n'étais pas assez habile pour faire de semblables réflexions. Le soir, monseigneur et Poussanville m'instruisirent, en parlant, en ma présence, des événemens de la journée. Il est constant, au moins, que Livarot nous rendit un service essentiel, en se portant sur des points, dont la prudence lui ordonnait de s'éloigner.

CHAPITRE V.

Désespoir et consolation de M. de la Moucherie.

J'étais toujours sur mon brancard, attendant avec anxiété ce qu'il plairait à mon patron d'ordonner de moi. Des soldats de la ligue passaient et repassaient autour de nous, et ils fixaient ma Colombe d'un air qui me faisait trembler. Je l'enlaçais dans mes bras, comme si j'eusse pu la défendre. « Ne crains rien, mon cher Antoine, me dit-elle.

» ce sont des catholiques.» Ces catholiques-là étaient chargés de provisions et de butin. Ils ne s'étaient point battus; ce n'étaient donc pas les huguenots qu'ils avaient pillés. Il était clair qu'ils ne ménageaient pas plus leurs amis que leurs ennemis. Cette pensée me désespérait. Je pressais ma charmante Colombe contre mon cœur; je la serrais de toutes mes forces. On m'eût plutôt arraché la vie que de me séparer d'elle.

Monseigneur demanda à Livarot la formule du serment que prêtaient les ligueurs, lorsqu'ils étaient admis dans la sainte ligue. Il le répéta, à haute voix, sur les flancs des colonnes, et des applaudissemens éclatèrent de toutes parts. « Monsieur, dit-il à Liva-
» rot, je suis général d'armée. — Et
» un général très-avantageusement con-
» nu. — Vous ne trouverez donc pas

.» mauvais que je prenne le commande-
» ment de vos troupes. » Livarot fit
une moue, que je vois encore aujour-
d'hui. Le baron lui fit remarquer toutes
les fautes qu'il avait faites depuis qu'il
était sorti du Poitou, et les ligueurs
crièrent, Vive Biron ! « La plus grave
» de ces fautes, Monsieur, est d'avoir
» permis que vos soldats se chargeas-
» sent de butin, au point de se mettre
» dans l'impossibilité de combattre. »
Des soldats ne perdent pas volontiers un général qui permet le pillage.
Un morne silence régna sur toute la
ligne ; bientôt des murmures éclatèrent de toutes parts. Le moment était
critique, et Biron le sentit.

Il assembla les officiers autour de
lui. « Je ne veux pas, leur dit-il, vous
» ôter ce que vous avez. —Vive Biron !
» — Mais je désire que ce butin vous

» soit utile. — Vive Biron ! — Nous
» allons rentrer dans le bois. Vous dé-
» poserez, au centre, des objets qui
» vous chargent et vous embarrassent.
» Une grande garde, choisie par vous,
» veillera sur vos propriétés. Je vais
» vous mettre en bataille sur la lisière
» du bois. Je placerai vos quatre pièces
» de campagne à votre centre. Le
» prince de Condé est actif ; c'est un
» ennemi à redouter ; il faut donc être
» toujours prêts à combattre. Il a de la
» cavalerie ; mais elle n'osera pas vous
» attaquer dans la position que je vais
» vous faire prendre. Il n'avait que
» quatre ou cinq mille hommes d'in-
» fanterie, selon le rapport de M. de
» Livarot. Il avoue s'être emparé de
» plusieurs villes catholiques. Sans
» doute, il y a laissé des garnisons.
» Melle est la plus petite de ces places,

» et il doit avoir peu de fantassins avec » lui. Nous sommes donc en mesure » de nous défendre avec succès, s'il » vient nous attaquer. »

La nuit approchait, et on se prépara à exécuter les ordres du baron. Le réfléchi, mais courageux Poussanville sembla se multiplier. Il était partout, et partout il faisait de sages dispositions. Tous les bagages furent déposés au centre du bois, selon le plan arrêté par monseigneur. Une garde de cent hommes s'avança pour les surveiller et les défendre. Poussanville était sûr que, si nous étions attaqués, la cupidité en ferait des héros. Ce fut au milieu de cette garde qu'il plaça la coche, les fourgons et le brancard. Il retourna au front de sa ligne, et il y attendit les événemens.

Le général Biron ne descendit pas

de cheval. Il allait de peloton en peloton. Il parlait aux ligueurs ; il les encourageait. Il jurait de leur donner l'exemple de la valeur, quand l'occasion s'en présenterait. Livarot dormait sur l'herbe comme un homme qui ne connaît pas la crainte, mais qui s'estime heureux de n'avoir plus à se mêler de rien.

Les ligueurs, très-zélés catholiques, aiment à souper comme les protestans. On détermine difficilement un soldat à jeûner, quand il sent des provisions à trois cents pas de lui. Monseigneur fut obligé de permettre à quelques ligueurs, pris sur tous les points de la ligne de bataille, de se détacher, et d'aller chercher des vivres pour eux et leurs compagnons qui gardaient leurs rangs. La grande garde faisait une orgie, et gaspillait tout.. Une querelle s'engagea, et des injures on en vint aux coups. On se battit, d'abord à l'arme blanche ; bientôt on se servit des mousquets.

Poussanville accourt, et veut rétablir l'ordre. On ne l'écoute pas. Les balles sifflent autour de nous. Madame, ses femmes sont transies de peur. Colombe cache sa figure céleste contre mon cœur. Il est impossible de prévoir comment cette scène finira.

Le baron faisait des efforts inouis pour contenir son front de bataille. Il employait alternativement les prières, les menaces, les caresses, et même les coups. Ses troupes se rompent, se débandent, accourent au lieu du combat, pour se disputer quelques rations de vivres. Le feu cesse, parce qu'on est serré de toutes parts ; mais le désordre, la confusion règnent autour de nous.

On se pousse, on s'élance les uns sur les autres. Ces provisions de bouche, objets de tant d'efforts, sont foulées aux pieds. On n'entend plus que des cris, des juremens, le craquement des jeunes arbres qu'on brise pour s'ouvrir un passage. Le baron est parvenu jusqu'à la voiture de madame. Il empêche, à grands coups d'épée, qui que ce soit d'en approcher. Poussanville se dispose à prendre Colombe pour la porter dans cet asile. Je le bénis : c'est tout ce que je peux.

Un gros de soldats, poussés par la foule, se précipite entre Poussanville et nous. Le brancard est renversé ; Colombe m'échappe ; j'entends ses cris ; je ne peux la rejoindre.... Je tombe, accablé de douleur et d'effroi. Je m'évanouis.

Il était jour quand je recouvrai l'usage de mes sens. Un silence effrayant régnait autour de moi. Je me rappelai les dernières particularités de cette nuit déplorable. Je me lève ; j'appelle Colombe à grands cris..., Colombe ne me répond pas.... Elle a été entraînée par la foule, me dis-je. Elle est incapable de m'avoir abandonné.

Je devais la vie au lieu où j'étais tombé. J'étais étendu entre deux gros arbres environnés de ronces, impénétrables pour quiconque n'est pas aveuglé par la fureur ou le désespoir. Je sortis de là avec des peines incroyables. Une pertuisane brisée m'aida à me soutenir. Je parcourus le bois. L'indiscipline lui avait donné l'aspect d'un champ de bataille, et il n'y restait pas un soldat. J'avais perdu tout ce qui m'attachait à la vie, et c'est à des catholiques que je devais mon infortune!

Je trouvai une des mules qui portaient mon brancard. Le pauvre animal, étranger aux fureurs des hommes, paissait tranquillement. L'espérance rentra dans mon cœur. Je conduisis la mule près d'une pointe de rocher qui sortait de terre, et qui s'élevait à deux ou trois pieds au-dessus du sol. Elle m'aida à me mettre en selle, et je parcourus le bois dans tous les sens. J'appelais autant que me le permettaient mes forces.... Colombe était perdue pour moi !

Je distinguai, dans l'éloignement, les quatre pièces d'artillerie qu'on traînait du côté de Melle. Le reste n'était pas difficile à pénétrer. Le prince de Condé avait pu entendre la fusillade; il aura cru le baron attaqué par un corps de huguenots. Il sera accouru avec sa cavalerie. Il sera tombé sur des malheureux incapables de se défendre. Il les aura sabrés, dispersés, et il emmène leur artillerie. Mais Colombe!.... Colombe!....

Il est une sensation que rien ne peut éteindre dans l'homme : c'est celle du besoin. La veille, au soir, je n'avais rien pris, et la faim commença à se faire sentir. Je retournai au centre du bois. Avec la pointe de ma pertuisane, je démêlai dans la poussière, quelques bribes, que j'aurais dédaignées dans toute autre position. Je les mangeai avec avidité. Je reconnus ce butin, fruit de l'indiscipline, et que l'indiscipline avait fait perdre aux catholiques. Il était évident que le prince de Condé n'avait pas voulu s'engager jusques là. La coche, les fourgons, les chevaux du baron avaient pu s'échapper par les derrières du bois. Peut-être, ma

Colombe a été recueillie dans une de ces voitures. Mais quelle route ont-elles prise?

Je me rappelai jusqu'aux moindres particularités de la veille. Je raisonnai et je me demandai ce que j'aurais fait si j'étais M. de Biron.

Le prince de Condé lui avait avoué qu'il s'était emparé des places situées aux environs de la Rochelle. Poitiers est à trente lieues de cette ville, ainsi que me l'avait appris le frère Marc, en suivant ma mule; Poitiers devait appartenir encore aux catholiques. C'est vraisemblablement sur cette ville que le baron aura fait sa retraite, s'il a pu échapper au prince de Condé.

On croit si facilement ce qu'on désire! Je voyais nos voitures sur la route de Poitiers; je voyais Colombe dans le fourgon des femmes de madame; elle soupirait; elle était plongée dans la plus profonde douleur. Allons, m'écriai-je, c'est la route de Poitiers qu'il faut prendre.

A quelle distance en étais-je? je calculai que nous avions fait, la veille, quinze lieues environ; il m'en restait donc quinze à parcourir. D'ailleurs, les fourgons de monseigneur étaient pesamment chargés; ma mule était bonne; il était vraisemblable que je retrouverais Colombe avant que d'entrer à Poitiers. Les événemens sont loin de s'arranger toujours au gré de nos désirs. Il me semblait que mes rêves devaient se réaliser. Je partis.

Je me souvins de ces paroles remarquables de Poussanville : *Il faut prendre les hommes comme ils sont*. Je sentais la nécessité de me conformer à ce précepte. Je demandais mon chemin à tous ceux que je rencontrais ; je leur demandais s'ils n'avaient pas rencontré des hommes de guerre et de gros équipages. Je les reconnaissais de quarante pas à leur cocarde ; chacun a la sienne dans les guerres civiles ; la mienne était dans ma poche, et je pouvais me présenter indistinctement aux catholiques et aux huguenots. Vive le duc de Guise ! criais-je aux uns ; vive le roi de Navarre ! criais-je aux autres. Je sentais que ma conduite sentait furieusement l'hérésie ; mais il fallait retrouver Colombe, et puis je faisais ce qu'on appelle une capitulation de conscience : mon patron a voulu que je perdisse Colombe, il veut que je la retrouve ; donc il me permet d'employer tous les moyens propres à me conduire à mon but.

J'appris enfin qu'en pressant un peu

ma mule je pourrais joindre monseigneur à Lusignan : c'est à peu près la moitié du chemin de Melle à Poitiers. Je piquai ma monture, et bientôt je rencontrai plusieurs de nos fuyards, qui se traînaient avec ce qu'ils avaient pu emporter. « Donne-moi ta mule, » me dit l'un d'eux. C'était un officier. «Vive
» le duc de Guise, lui répondis-je.—Vive
» le diable si tu veux ; mais donne-moi
» ta mule. » Je tirai ma cocarde de ma poche. « C'est fort bien, mais donne-
» moi ta mule. — Vous voyez bien que
» je suis blessé.—Et moi, je suis las.» Il tenait la mule par la bride, d'une main, et de l'autre, il se disposait à me prendre par une jambe et à me jeter au milieu du chemin. S'il eût été seul, j'aurais essayé de lui passer sur le ventre ; mais cinq ou six de ses soldats s'étaient approchés , m'avaient en-

touré, et leurs dispositions me paraissaient fort incertaines. Je me décidai à descendre. «Prends ce bâton, me dit » l'officier, il t'aidera à marcher. »

Il est dur d'être traité ainsi par les gens de son parti. Il est cruel d'être arrêté dans sa marche, au moment où on a l'espoir de se réunir à ce qu'on a de plus cher au monde. Que m'eussent fait de plus des huguenots? ils m'eussent tué, peut-être : allons, mon patron a tout arrangé pour le mieux. Vive notre saint père et son représentant, monseigneur le duc de Guise.

Ma blessure était légère, cependant je marchais lentement, appuyé d'un côté sur le pomeau de mon épée, et de l'autre, sur le bâton, que m'avait laissé le capitaine. Je n'étais heureusement qu'à une lieue de Lusignan ; j'en distinguais les clochers. Mais si la baronne ne s'y arrête pas, pensai-je, il me sera impossible de la joindre. Cependant, madame a passé une nuit déplorable; monseigneur et Poussanville sont excédés de fatigue; oui, oui, ils se reposent à Lusignan.

Un âne paissait, près d'une misérable chaumière, bâtie à cinquante pas de la route. Je m'y rendis, j'avais de l'argent, et je m'arrangeai avec une pauvre femme, qui voulut bien me conduire jusqu'à Lusignan. Elle était catholique, et je retrouvai en elle les sentimens de charité qui devaient animer tous les ligueurs, et dont ils étaient si loin! «Que saint » Antoine vous bénisse, lui dis-je, bonne » femme.» Hélas, je réfléchis, en marchant, que sa charité me coûtait un écu. Où donc est la vertu, me disais-je? Ah! dans le cœur de Colombe.

Mon âne ne fit envie à personne, et

j'entrai dans la petite ville de Lusignan, sans éprouver de nouvelle mésaventure. Les rues sont tortueuses, et j'aurais voulu percer les murailles avec les yeux pour découvrir ces voitures, objets de tous mes vœux. « Hé, le voilà, cria-t-on
» à ma gauche ! Il n'est pas tué, cria-t-
» on à ma droite ! Quelle satisfaction !
» — Quelle joie ! — Quel bonheur ! »
c'étaient les domestiques du Baron.
« Colombe est-elle ici ? » Ils m'enlevaient de dessus mon âne. « Colombe est-elle
» ici ? » Ils me portaient sur leurs bras.
« Colombe est-elle ici ? Répondez-moi
» donc. » Ils ne m'entendaient pas. Ils marchaient, en criant à tue tête : « Le
» voilà !.... il n'est pas tué.... Quelle
» joie !.. quel bonheur !. » Poussanville accourt, et m'embrasse tendrement.
« Colombe est-elle ici ? — Oui, oui, elle
» est ici. — Où est-elle ?.. Laissez-moi,

» que je coure, que je vole à ses pieds, » dans ses bras. » Elle parut enfin, soutenue par Félicité. Des pleurs avaient sillonné ses joues; des larmes de joie leur succédèrent; ses forces, épuisées par douze heures passées dans le désespoir, se remirent tout à coup. Attachés étroitement l'un à l'autre, nous ne faisions plus qu'un être, pénétré des mêmes pensées, animé des mêmes sensations. Nous ressemblions à ces malheureux, condamnés à mort, et qui reçoivent leur grâce au moment où le coup fatal va leur être porté.

Nous nous adressions une foule de questions sur les événemens de la nuit dernière. Nous ne prenions pas le temps de nous répondre. Nous étions dans l'enchantement, dans l'ivresse, dans le délire. Nous parlions tous deux à la fois; nous nous interrompions pour nous couvrir des plus vives, des plus tendres caresses. Des larmes roulaient dans les yeux de l'impassible Poussanville et des gens du baron. Les habitans de la ville, que cette scène extraordinaire avait rassemblés, nous prenaient pour des fous. Poussanville nous avertit qu'il était temps de cesser de nous donner en spectacle. Nous entrâmes dans la maison, où le baron s'était arrêté.

Monseigneur et Madame nous félicitèrent cordialement sur notre réunion. Nous ne donnâmes à nos remercîmens que le temps nécessaire pour ne point paraître impolis ou ingrats. Colombe m'entraîna dans une chambre où nous commençâmes à causer raisonnablement, et avec un certain calme. Nous nous arrêtions souvent pour nous répéter que nous nous aimions, pour nous jurer que nous nous aimerions toujours, et nous scellions nos sermens de vingt, de cent baisers. Colombe et moi oubliâmes ma blessure, et... C'était le moyen le plus sûr de pouvoir donner de la suite à notre conversation.

J'appris qu'au moment où notre brancard avait été renversé, Poussanville avait saisi Colombe par un bras, l'avait portée dans le fourgon des femmes; qu'elles l'y avaient retenue malgré ses efforts continuels pour m'aller chercher, me trouver, vivre ou mourir avec moi; que le baron et ses voitures s'étaient retirés par le derrière du bois, ainsi que je l'avais pressenti; qu'une centaine de dignes membres de la sainte ligue lui étaient restés attachés; que le prince de Condé avait borné ses avantages à la prise de notre artillerie; que Colombe, qui n'avait plus à elle que l'usage de la parole, me demandait à tous les passans, même à ceux qui venaient du côté de Lusignan; qu'enfin elle m'avait cru mort, et avait tenté vingt fois de se précipiter sous les roues de sa voiture.

Je lui racontai, à mon tour, ce qui m'était arrivé. Monseigneur et Madame voulurent m'entendre, et je me rendis auprès d'eux; ils m'écoutèrent avec intérêt. «Comme il parle, dit ma-
» dame! quel prédicateur c'eût été!—
» Je conviens qu'il n'est pas fait pour
» un état obscur. Je lui aiderai à par-
» venir à un emploi convenable. Il est
» intelligent, il est brave, et les révo-
» lutions, les guerres civiles mettent
» toujours les hommes à leur place. »
Poussanville entra. Il m'avait conservé Colombe : je le comblai des marques de ma vive reconnaissance.

J'allai retrouver ma jeune et séduisante compagne. Elle n'avait cessé de s'occuper de moi. Du linge blanc, un bon déjeuner, dont j'avais grand besoin, m'attendaient, préparés par ses mains blanchettes. Elle me présentait les morceaux qu'elle croyait devoir me plaire, et elle me deshabillait en même temps : elle était impatiente de voir ma blessure, et d'y mettre un appareil. Ses soins empressés n'étaient pas sans inconvénient.... Je ne mangeais plus.... Et.... nous reconnûmes bientôt que l'amour est le premier de tous les médecins. Ma plaie se séchait, se fermait. Je pouvais aimer autant que je le voudrais ; j'étais au comble du bonheur. Colombe le partageait de toute son âme, de toutes ses forces : le devoir nous en faisait une loi. O mon patron, qu'il est doux d'accorder son devoir et son cœur !

Il était naturel que je désirasse savoir ce que nous allions devenir. Je descendis. Colombe avait passé son bras sous le mien. Elle m'aidait à marcher; elle me regardait! Elle n'apercevait rien de ce qui se passait autour d'elle; elle ne voyait que moi.

Poussanville n'avait pu prendre que deux heures de repos, et déjà il organisait les soldats de la ligue qui s'étaient ralliés auprès de monseigneur, et ceux qui entraient, à chaque instant, dans la ville. Il n'y avait pas un seul huguenot; il était le maître absolu de ses opérations. Il voulait rétablir la discipline si essentielle à la guerre, et, pour la maintenir, il fallait faire des magasins. « Harangue les habitans, me dit-il; cela » est dans tes attributions. »

Je pris un tambour ; je lui fis battre la caisse devant moi, et j'arrivai sur la place publique. Je m'arrêtai devant une maison d'assez belle apparence ; je demandai une table et des trétcaux : tous les moyens sont bons, quand ils produisent le bien. Que va-t-il faire, se demandaient ceux qui m'avaient suivi ? Que va-t-il faire, se demandaient ceux sur qui le bruit du tambour avait agi plus lentement ? C'est un officier, disaient les uns ; c'est un prédicateur, disaient les autres.

Je montai sur ma table. Colombe n'avait pas quitté mon bras, et nous parûmes ensemble. « Qu'ils sont jeunes ! qu'ils sont gentils ! s'écriait-on de tous les côtés. »

Je pris la parole. J'exposai à mon auditoire les motifs qui avaient porté le duc de Guise à instituer la sainte

ligue. Ses dignes membres n'avaient d'autre désir, d'autre but que d'exterminer les hérétiques, et d'assurer le triomphe de la vraie religion. Je croyais tout cela, sans égard pour ce que j'avais entendu dire à Poussanville. « Mais, ajoutai-je, les hommes les plus
» pieux ne sont pas exempts de fai-
» blesse. Ceux qui sont prêts à se sa-
» crifier pour de si saints motifs, doi-
» vent avoir des moyens d'existence
» assurés. C'est en les leur fournissant
» que vous attirerez sur vous les indul-
» gences de Rome; que vous détermi-
» nerez les soldats de la sainte ligue à
» protéger vos propriétés, et à assurer
» votre repos. Beaucoup d'entre vous,
» reprit Colombe, connaissent un sen-
» timent qui rend la vie si douce et si
» chère. Jeunes femmes, vous aimez
» tendrement vos maris ; jeunes filles,

» vous attendez, avec une modeste im-
» patience, le moment qui doit couron-
» ner vos amours. Nous sommes mariés
» depuis deux jours. Voyez combien
» nous sommes heureux ! Vous pouvez
» l'être autant que nous, en offrant
» quelque chose de votre superflu à
» ceux qui vont combattre pour assu-
» rer la continuité de votre bonheur. »

Jamais Colombe ne s'était exprimée ainsi. L'exaltation nous donne donc des moyens que nous ne nous connaissions pas. Je n'avais parlé qu'aux consciences ; Colombe avait touché les cœurs. Elle acheva de les entraîner en m'embrassant tendrement. Ce fut là sa péroraison.

Quand on veut persuader la multitude, il faut prendre des orateurs comme Colombe. Les masses ne raisonnent pas; mais le sentiment les

entraîne. « Qu'elle est jolie! disaient
» les uns; comme elle parle! disaient
» les autres! » Les jeunes époux s'embrassaient; les jeunes gens regardaient leurs futures compagnes avec des yeux! Et les fillettes rougissaient. Je n'étais pas jaloux des préférences qu'on accordait à Colombe; mais il me semblait que je pouvais être l'objet de quelque attention. Les vieilles calmèrent mon amour-propre blessé. J'entendis murmurer. « Qu'il est bien! quelle expres-
» sion a cette charmante figure! Je
» crois voir mon Joseph à l'âge de
» vingt ans.— Et moi mon Guillaume,
» le jour où je lui donnai la main. »
Toutes les voix s'élevèrent ensemble.
« Donnons, donnons, s'écria-t-on de
» toutes parts. »

Nous descendîmes de la tribune aux harangues, et je marchais difficile-

ment. « Qu'a-t-il donc, demandèrent
» quelques grand'mamans? Un coquin
» de huguenot m'a enlevée hier, ré-
» pondit Colombe. Mon Antoine m'a
» défendue, et le scélérat l'a blessé.
» — Ah, ciel! juste ciel! — Rassurez-
» vous, mes bonnes mères; M. de Pous-
» sanville a tué l'infâme. — Ah, tant
» mieux! morte la bête, mort le
» venin. »

Nous arrivâmes devant la maison qu'occupait monseigneur. On y apportait, de tous les coins de la ville, des provisions de bouche de toute espèce. Déjà la cour commençait à s'encombrer. « Bien, bien, très-bien, me di-
» rent monseigneur et Poussanville.
» —Ah, je n'ai fait que raisonner; Co-
» lombe a parlé aux cœurs, et l'hon-
» neur du succès lui appartient tout
» entier. Voilà, dit le baron, deux jeu-

» nes gens qui peuvent nous être de la
» plus grande utilité. Mes amis, il faut
» achever votre ouvrage. Nous avons
» des vivres; mais nous manquons de
» moyens de transport. »

Nous nous remîmes en marche, Colombe et moi : il existait entre nous une unité d'intention, qui ne nous permettait pas de nous séparer un moment. Nous parcourions les rues, et à chaque pas on nous demandait si nous étions contens. « Très-contens, répon- » dions-nous, et notre reconnaissance » sera éternelle. — Ces pauvres petits! » ces chers petits! » Jusques-là tout allait bien.

C'était un jour de marché, et le dernier, vraisemblablement : l'approche du prince de Condé allait rendre les communications difficiles. Des paysans avaient apporté des fruits, des légumes,

des grains à Lusignan. Ils se disposaient à retourner chez eux. Je leur demandai s'ils voulaient servir la bonne cause. Ils me jurèrent qu'ils étaient prêts à mourir pour elle. « Con-
» duisez vos charettes à la porte de M.
» de Biron. Nous allons les charger de
» nos provisions, et demain vous nous
» accompagnerez jusqu'à Poitiers. » On me frappe sur l'épaule ; je me tourne, et je me trouve face à face avec un magistrat. C'était le bailly, qu'accompagnaient quelques-uns des principaux habitans. « Comment, petits serpens,
» vous nous extorquez des vivres, sous
» le prétexte de nourrir des soldats qui
» doivent nous défendre, et vous avez
» le projet de nous abandonner ! Et le
» prince de Condé est à Melle ! Et il ne
» nous reste pas de quoi exister pen-
» dant deux jours ! Suppôts des héré-

» tiques, vous nous avez abusés par
» vos ruses infernales ! »

Nous avions en effet demandé des vivres pour des soldats voués à la défense des catholiques; mais nous ne nous étions pas engagés à rester dans une bicoque, ouverte de toutes parts. Ce raisonnement me paraissait tout simple; mais comment le faire adopter à des gens exaltés par la crainte de la famine, et dont le nombre augmentait à chaque instant? Déjà les paysans avaient reçu l'ordre d'atteler et de sortir à l'instant de la ville. « Il faudra bien,
» nous dit le bailly, que vous nous lais-
» siez des provisions que vous ne pour-
» rez pas emporter. » Cela était d'une vérité incontestable. Je ne savais pas encore répondre à des argumens qui me paraissaient sans réplique, et je ne pensais plus qu'à retourner auprès de mon-

seigneur. Il fallait traverser toute la ville ; les habitans sortaient tous de leurs maisons, et se groupaient autour de nous ; je sentais le bras de Colombe agité d'un tremblement qui m'annonçait une terreur profonde.

J'entendis le bruit du tambour ; je prêtai une oreille attentive au milieu des vociférations qui éclataient de toutes parts. Le son me parut s'approcher à chaque seconde. Bientôt, Poussanville et quelques soldats percèrent jusqu'à nous, et Colombe respira.

Mon ami faisait lire une proclamation propre à rassurer les habitans sur la conservation de leurs propriétés. « A quoi bon des meubles et de l'ar-
» gent, lui dit le bailly, quand on man-
» que de pain ? » Un homme d'esprit n'est jamais embarrassé : Poussanville répondit en faisant battre la générale.

Nos soldats, que les habitans avaient reçus chez eux, sortent avec leurs armes, et se rangent auprès de nous; les charettes sont attelées; M. l'aide-de-camp les fait conduire devant le logement de monseigneur, et il propose ce dilemme au bailly. « Le prince de
» Condé viendra ici, ou n'y viendra
» point. S'il vient, vos provisions et
» votre argent seront la proie des hu-
» guenots; s'il ne vient pas, vous tire-
» rez des villages voisins de nouvelles
» subsistances. — Il viendra, il viendra,
» puisque vous nous abandonnez. —
» En ce cas, M. le bailly, je frappe la
» ville d'une contribution de trente
» mille livres. Vous êtes trop bon ca-
» tholique pour ne pas sentir qu'il vaut
» mieux que votre argent tombe entre
» nos mains qu'en celles des huguenots.
» Je vous donne deux heures pour

» faire la répartition de la somme que
» je vous demande : allez. » Un domi-
nicain, frais et vermeil, voulut faire
l'orateur. « Oh, oh! reprit Poussan-
» ville, il y a dans cette ville de bons,
» de véritables religieux. Vous savez
» comme les huguenots vous traitent.
» Je ne souffrirai pas que vous tombiez
» entre leurs mains. Je vous présente-
» rai à M. le Baron : il se fera un hon-
» neur, un devoir de vous tirer d'une
» ville, qui demain sera mise à feu et
» à sang. Il vous conduira à Poitiers;
» mais vous ne serez pas assez dupes
» pour abandonner à ces enragés ce
» qu'il y a de précieux dans votre cou-
» vent. Allons en faire l'inventaire,
» car vous sentez bien que M. de Biron
» ne recevra vos richesses qu'à titre de
» dépôt, et qu'elles vous seront reli-
» gieusement rendues. — Mais si les

» huguenots ne viennent pas? — Ils
» viendront : M. le bailly l'a assuré, et
» il est bien mieux informé que nous. »

Je ne quittai pas Poussanville. J'entrai, avec lui et une centaine de soldats, dans le couvent des Dominicains. Dans toute autre circonstance, j'aurais frémi en franchissant, avec des hommes armés, le seuil de l'asile sacré; mais les raisonnemens de Poussanville me paraissaient sans réplique. Colombe partageait ma conviction : nous étions si simples encore !

M. l'aide-de-camp débuta par diviser sa troupe en pelotons, et il en plaça à toutes les portes. Il commença une perquisition générale, aidé de quelques officiers. « M. de la Moucherie, me dit-il,
» prenez du papier et une plume; vous
» inscrirez les objets précieux que nous
« devons conserver à ces bons religieux.»

J'étais prêt à écrire, et l'épaule de Colombe me servait de pupitre.

Nous allions, nous venions, et nous ne trouvions rien. « Que voulez-vous, » nous dit le prieur, trouver chez des » Dominicains? Si nous étions des Bé- » nédictins, des Bernardins, vos re- » cherches pourraient n'être pas in- » fructueuses. — Je vous crois, mon » révérend père, et je vais vous rendre » un véritable service. Demain, votre » couvent sera brûlé, et c'est une jouis- » sance que je ne laisserai pas à des » Huguenots. Soldats, prenez des fa- » gots; placez-en partout, et mettez-y » le feu. — Un moment, M. le capi- » taine; il est très-douteux que le prince » de Condé vienne demain. — Il vien- » dra; M. le bailly l'a dit, et le pre- » mier magistrat de Lusignan ne se » trompe jamais. »

Quel plaisir pour des soldats que celui de brûler une maison ! En un clin d'œil, le bûcher des révérends pères fut vidé, et des flambeaux s'allumèrent. « Éteignez ces flambeaux, » éteignez-les, s'écria le père prieur, » et des portes secrètes s'ouvrirent.

Soixante sacs de mille livres chacun, et un vaste amas de provisions de bouche tombèrent entre nos mains. « Écri-
» vez, M. de la Moucherie. — Hélas !
» dit le père prieur, tout cela était des-
» tiné aux pauvres. — Oui ? Hé bien,
» je me charge de leur distribuer l'ar-
» gent, et je partagerai les vivres entre
» nos soldats. Ce sont de bons catho-
» liques, et, par conséquent, les pre-
» miers pauvres. Mes pères, voulez-
» vous nous suivre à Poitiers ? » Des mouvemens de têtes, très-négatifs,

furent la seule réponse qu'obtint Poussanville.

Nos cent hommes se chargèrent des sacs et des vivres, et nous regagnâmes le logement du Baron. « Voilà, me dit, » en marchant, mon ami, les tristes » résultats des guerres civiles. On se » dépouille, on se vole, on s'égorge, et le » voile de la religion couvre tous les ex- » cès. On l'invoque au milieu des décom- » bres; on entraîne des malheureux, ac- » cablés par la misère, et, je te le répète, » l'homme adroit ne s'occupe que de » lui. Je donne au baron le moyen de » lever des troupes; il aura le bâton de » maréchal de France, et moi, un ré- » giment. — Cet argent ne sera donc » pas distribué aux pauvres ? — Imbé- » cile! »

Quels yeux ouvrit monseigneur, quand il vit entrer ce convoi chez lui!

Il embrassa étroitement Poussanville ; il me frappa sur l'épaule, et il caressa le menton de Colombe.

Les deux heures accordées au bailly étaient écoulées, et il ne paraissait pas. « Va lui déclarer, me dit Poussanville, » que s'il ne vient à l'instant, j'épar-» gnerai aux huguenots la peine de » brûler la ville demain. — Mais, mon » ami, ta conduite est affreuse ! — » Obéis, sans réflexion, c'est le devoir » d'un soldat. Quand tu commande-» ras, tu feras ce que tu voudras. — » Mais, mon ami... — Pour que tu con-» serves ta Colombe, il faut que nous » soyons les plus forts. »

Je ne répliquai pas. Je courus, à la tête de trente hommes, et je me disais en courant : Poussanville a raison ; chacun ne s'occupe que de soi. O mon patron ! protégez ma Colombe !

Je passai devant la boutique d'un épicier; je lui *empruntai* quelques torches; je les fis allumer, et j'entrai chez le bailly. Il m'entendit, et je ne lui avais pas adressé un mot. Il venait de compléter la somme; il me la remit, et je fis éteindre les flambeaux. « Vous
» vous dites catholiques, s'écria le
» bailly, en me conduisant hors de sa
» maison, et vous donnez aux hugue-
» nots l'exemple de la férocité et du
» pillage. » Je sentais qu'il avait raison! mais Colombe, Colombe!...

Nos soldats avaient été bien nourris par les malheureux habitans de Lusignan. Ils pouvaient marcher le reste du jour sans avoir besoin de rien. Quand j'arrivai devant la maison de monseigneur, ils étaient rassemblés en cercle autour de Poussanville. Il leur déclara qu'il serait fait des distributions régulières de vivres ; mais que le premier qui manquerait à la discipline militaire, serait pendu sans rémission.

Je portai mes trente mille livres au trésor, et monseigneur me permit d'embrasser Colombe en sa présence. Nous avions cinq cents hommes à notre disposition, et des soldats, qui sont dans l'abondance, ne craignent pas plus la fatigue que les dangers. En moins d'une heure, les charettes furent chargées. Poussanville, prit avec quelques hommes d'élite, la surveillance de celle qui portait l'argent. Les charetiers demandèrent à retourner chez eux ; il était clair que nous n'inspirions ni confiance, ni affection. On n'avait pas besoin d'eux : on leur permit d'abandonner leurs voitures et leurs attelages.

Le jour s'avançait. Cependant monseigneur décida qu'il fallait partir à l'instant. Condé avait de l'artillerie ; il pouvait nous attaquer pendant la nuit, et réaliser ce que Poussanville avait dit ironiquement.

La coche de madame et les fourgons de monseigneur prirent la tête de la colonne. J'étais monté, avec Colombe, dans une petite voiture couverte, garnie intérieurement de paillassons, et traînée par une bonne mule. Cet équipage appartenait au propriétaire de la maison où monseigneur s'était arrêté. Poussanville, qui n'oubliait rien, le lui avait *emprunté* pour moi.

Il était nuit, et nous n'avions encore fait que deux lieues. La lune paraissait dans toute sa blancheur, et monseigneur arrêta qu'on continuerait de marcher. Cependant la troupe n'avait pas soupé. On fit halte. Les soldats s'assirent sur le chemin, ayant leurs armes auprès d'eux. Bientôt des rations furent préparées, et distribuées avec un ordre, que je ne me lassais pas d'admirer. C'est un maître homme, me disais-je, que ce Poussanville! il ira loin, si le duc de Guise sait apprécier les talens.

On sent bien que monseigneur, madame et leur suite avaient leurs provisions particulières. Nous avions tous oublié les crises de la nuit précédente : rien ne s'oublie aussi facilement que le malheur. Nous soupâmes gaîment, Colombe et moi surtout : nous étions ensemble, et nous étions seuls.

Rien n'échappait à l'attention de Poussanville. Il avait remarqué deux paysans, qui marchaient à côté de la colonne, qui s'arrêtèrent quand elle s'arrêta, et qui rétrogradèrent vers

Lusignan. Je ne vois pas, se dit-il, quelle raison peuvent avoir ces gens-là de retourner d'où ils sont venus. Il les fit arrêter, et on trouva des poignards sous leurs souquenilles : c'étaient des espions. On les conduisit à monseigneur, qui les interrogea. Ils avaient l'ordre de suivre M. de Biron, et de s'assurer de la route qu'il tiendrait. Ils nous apprirent que le prince de Condé traitait les protestans de Melle, comme nous avions traité les catholiques de Lusignan. « Quelle guerre,
» me dit Colombe ! où donc s'est ré-
» fugiée la justice ? »

« J'ai le droit de vous faire pendre,
» dit monseigneur à ces malheureux;
» mais je ne vous crains pas, et je
» n'attente pas à la vie des hommes sans
» y être contraint par la nécessité.
» Allez dire au prince que bientôt nous

» nous verrons en rase campagne. » Ils furent relâchés, et c'est la seule bonne action que nous eussions faite en vingt-quatre heures.

A la pointe du jour, nous arrivâmes aux portes de Poitiers. On vint nous reconnaître, et nous entrâmes dans la ville, tambours battans, et drapeaux déployés : ce n'étaient encore que des chiffons attachés à des manches à balais. Je possédais mon histoire romaine, et je dis à Poussanville : « Les premières » enseignes des Romains n'étaient que » des bâtons, surmontés d'une poignée » de foin, et ce peuple a conquis l'u- » nivers. Ainsi s'étendra la vraie reli- » gion sur les ruines de l'hérésie. Ainsi- » soit-il, me répondit-il en riant. »

Il ne lui fut pas possible d'exercer son industrie à Poitiers, comme il l'avait fait à Lusignan. Six mille bourgeois étaient enrégimentés, et bien armés. Les remparts étaient garnis de trente pièces d'artillerie, et la place était approvisionnée de munitions de guerre et de bouche. Nos cinq cents hommes ne pouvaient causer aucune espèce d'inquiétude aux habitans. Ils furent reçus comme des auxiliaires, dont on pouvait se passer, avec assez d'indifférence. Quand on dit que nous avions des vivres pour huit jours; quand on sut que le baron avait en caisse quatre vingt-dix mille livres, on nous marqua beaucoup d'égards : on sentait que nous ne serions pas à charge aux Poitevins. Mais on nous notifia qu'on n'avait pris les armes que pour défendre la place, et qu'il n'en sortirait pas un soldat.

Je me rappelai ce prieur de Franciscains, qui m'avait traité avec tant de mépris, et dont les opinions religieuses m'avaient paru si suspectes. Je ne l'estimais pas. Cependant j'avais porté pendant quatre ans l'habit de l'ordre, et on tient aux habitudes de l'adolescenre. J'étais tenté d'aller rendre visite à mes anciens confrères. Je voulais que le prieur sût que je n'étais pas un *homme exagéré, un ami de l'hyperbole, un énergumène enfin.* Ma vanité était flattée de me présenter l'épée au côté, et une femme charmante à mon bras. Je crois que ce dernier motif fut celui qui me poussa au couvent des Franciscains.

Le père prieur me reconnut, et me marqua quelque bienveillance. « Avouez,
» me dit-il, que j'ai eu raison de ne pas
» recevoir vos vœux. Vous ne combat-
» triez pas pour la bonne cause, et
« vous ne seriez pas marié. Votre état

» n'est pas pur ; cependant nous encou-
» rageons le mariage ; il faut procréer
» des défenseurs de la foi. » Il regardait
Colombe d'un air qui me fit croire
qu'il eût pu s'abaisser jusqu'a contri-
buer à la multiplication du genre humain. Il nous quitta avec assez de po-
litesse, en nous disant qu'il allait
prêcher à la cathédrale, où l'attendait
un nombreux auditoire.

Je m'attendais qu'il prêcherait l'a-
mour de l'humanité et la tolérance.
J'avais besoin de combattre encore
une exaltation, que j'avais sucée avec
le lait, et qui me tourmentait beaucoup.
J'étais homme du monde, quand je
regardais Colombe; le mot huguenot
m'irritait quand je la perdais de vue.

Nous eûmes beaucoup de peine à
pénétrer dans l'intérieur de l'église.
Nous y trouvâmes le baron, son aide-

de-camp, madame, et deux de ses femmes. On leur avait donné des places d'honneur, et il me sembla que son écrivain pouvait s'approcher d'eux.

J'examinai toutes les figures, en attendant que le prédicateur parût. La figure de madame exhalait les sentimens de piété dont elle était pénétrée. Monseigneur et Poussanville étaient dans le recueillement, et paraissaient plongés dans une profonde méditation. Que mon patron, pensai-je, leur fasse la grâce de devenir ce qu'ils veulent paraître en ce moment.

Le prédicateur parut, et le plus profond silence régna partout. Il commença par faire le plus pompeux éloge de la sainte ligue, des effets qu'elle produisait déjà, et des prodiges qu'on avait le droit d'en attendre. Il invita, il pria, il pressa, il conjura les habitans de

Poitiers de s'aggréger à cette respectable congrégation. Bientôt je ne reconnus plus l'homme qui m'avait traité de fou, et qui avait jeté par la fenêtre la relique qui m'avait coûté si cher. « Voilà, dit-il, en tirant un crucifix de
» sa manche, celui qui est mort pour
» les catholiques, et qui vous ordonne
» par ma voix, d'exterminer jusqu'au
» dernier des huguenots. Guerre,
» guerre éternelle, s'il le faut, aux en-
» nemis de Rome et de la foi. Que vos
» épées deviennent autant de glaives
» flamboyans, qui portent la mort dans
» le cœur de nos ennemis, même avant
» que de les avoir frappés. C'est ainsi
» que vos pères furent vainqueurs à
» Dreux, à Saint-Denis, à Jarnac, à
» Montcontour. » Aussitôt monseigneur et Poussanville tirent leurs épées, et les agitent en l'air; des habitans suivent

un si bel exemple. On n'entend plus que le cliquetis des armes, et le cri : mort aux huguenots. J'avais porté la main sur la garde de la mienne; Colombe y tint la sienne, et elle me regarda d'un air si doux ! je la laissai dans le fourreau. « Que j'avais mal jugé ce » saint homme, lui dis-je? il mérite les » hommages de tous les fidèles. »

Une table et un registre étaient placés sous la chaire. On y courut. On se déclara membre de la sainte ligue; on jura, d'après un clerc qui lut à haute voix la formule du serment, une obéissance aveugle au chef suprême qu'on se donnait, et qui n'était pas nommé. Il faut cependant connaître celui à qui on doit obéir. C'est le duc de Guise, dit le clerc, qui vous commandera au nom du roi.

Des tables étaient dressées sur les

places et dans les principales rues de la ville. Au bout de quelques heures, le duc avait acquis six mille sujets de plus.

Monseigneur n'oubliait dans aucune circonstance ce qu'il devait à sa naissance et à son rang. Il avait jugé fort au-dessous de lui de jurer avec des vilains. Nous nous rendîmes en grande pompe à l'hôtel de ville. Là M. de Biron renouvela le serment qu'il avait prêté entre les mains de Livarot. Nous reconnûmes pour notre maître monseigneur le duc de Guise, *commandant pour le roi*. Il est clair que la seconde partie de notre formule nous laissait la liberté, d'après le système de Poussanville, de nous tourner toujours vers le soleil levant.

CHAPITRE VI.

M. de la Moucherie est ambassadeur.

Nous ne savions rien à la Rochelle de ce qui se passait dans le reste du monde. Il était temps que le baron connût la situation politique et religieuse de la France : il n'avait que ce moyen d'adopter une conduite réfléchie et suivie.

Sa hauteur ne se ployait pas à des communications avec ses inférieurs, et il n'avait pas d'égaux à Poitiers. L'aide-de-camp Poussanville fut chargé de se lier avec les principaux personnages de la ville. Personne n'était plus propre que lui à les faire parler, et à interpréter jusqu'à leur silence. La journée n'était pas écoulée, et déjà monseigneur savait ce qu'il avait voulu connaître.

Le roi continuait à se conduire d'une manière infâme. Il s'était agrégé à une confrérie de pénitens. Il ordonnait des processions, et il les suivait avec les démonstrations de la plus austère piété. Il se couvrait d'un sac de grosse toile; il portait une discipline à sa ceinture, et un gros chapelet à la main. Il se rendait, la nuit, à Vincennes, et il y outrageait la nature, pendant que des moines, qu'il y avait établis, priaient pour lui. Le matin, il se montrait paré, avec ce soin qui n'est qu'un travers chez tant de femmes. Il entrait partout, le pourpoint entr'ouvert, et la gorge ornée d'un long collier de perles. Les protestans le tournaient en ridicule, et les catholiques le méprisaient. Les deux partis ne l'appelaient plus que frère Henri.

Le duc de Guise, beau, brillant et brave, n'avait de religion que ce qu'il en fallait pour entraîner les catholiques. Des prédicateurs à ses gages gagnaient les uns; ses libéralités lui attachaient les autres. Il faisait face à toutes ces dépenses avec l'argent que lui fournissait le roi d'Espagne. Philippe II faisait de grands sacrifices, pour entretenir la guerre civile en France : il se persuadait que les deux partis, las de combattre, l'appelleraient, et lui donneraient un sceptre, qu'il ajouterait à tous ceux qu'il portait déjà, et qui fatiguaient ses débiles mains.

Quel homme raisonnable pouvait balancer entre Henri de Valois, et Henri duc de Guise ?

Je n'étais pas présent, lorsque Poussanville fit son rapport au baron. Mais il était facile, surtout avec moi, qu'il voulait pénétrer d'idées, qu'il appelait saines et raisonnables. J'étais affligé que la religion ne fût qu'un masque pour tant de grands personnages. Pourvu qu'elle triomphe, me disais-je, qu'importe par qui et comment ?

C'est de la part de monseigneur, me dit un valet, qui introduisit, près de Colombe et de moi, un homme et une femme que je n'avais jamais vus. Ils nous abordèrent avec les trois révérences que j'avais adressées au baron, la première fois que je parus devant lui.

L'homme s'empara de moi, et la femme de Colombe. Ils nous tournèrent, nous retournèrent avec le plus grand sérieux. Une longue bande de parchemin nous prenait tantôt de la tête aux pieds, tantôt en travers du corps. Je ne comprenais rien à ce manége, et Colombe éclata de rire. J'interrogeai ces deux êtres silencieux ; ils ne me répondirent pas un mot. Ils nous firent encore trois belles révérences, et disparurent. Nous nous regardâmes, Colombe et moi, et nous nous écriâmes à la fois : Qu'est-ce que cela veut dire ?

Monseigneur demande M. de la Moucherie, vint me dire un autre valet. Je le suivis, et je laissai Colombe dans la chambrette qu'on nous avait donnée. Elle voulait, disait-elle s'occuper sans cesse de moi, lors même qu'elle ne me voyait pas : elle avait commencé à me broder une écharpe, qui devait être du plus grand effet. Elle se proposait de la serrer soigneusement jusqu'à ce que j'eusse le droit de la porter.

« Monsieur, me dit le baron, vous
» êtes appelé à de hautes destinées,
» puisque je vous accorde ma protec-
» tion et ma confiance ; justifiez-les par
» un dévouement sans bornes. Écoutez-
» moi.

» Monsieur de Poussanville va s'oc-
» cuper de lever de nouvelles troupes ;
» ainsi je ne peux l'éloigner de moi.
» Vous vous rendrez auprès du duc de
» Guise.... — Avec Colombe, Monsei-
» gneur ? — Soit, et vous remettrez au
» duc et aux autres les dépêches que
» vous allez vous faire. Asseyez-vous,
» prenez une plume, et composez un
» alphabet. — Un alphabet, Monsei-
» gneur ! — Oui, des chiffres, des si-

» gnes qui correspondront à chacune
» des lettres que vous connaissez. Vous
» transcrirez, dans cette langue nou-
» velle, les lettres que je vais vous dic-
» ter, et si vous êtes arrêté, personne
» ne pourra lire ma correspondance.»
Que j'étais heureux ; j'allais connaître tous les secrets de Monseigneur !

L'alphabet demandé fut fait en un tour de main. La première lettre que j'écrivis était adressée au Roi. Elle ne lui présentait que des expressions d'attachement, de dévouement et de respect. Celle qui était destinée au duc, l'instruisait de ce qu'avait fait le baron et de ce qu'il comptait faire. Il l'assurait qu'avant huit jours, il serait à la tête de six mille ligueurs, qu'il assemblerait dans les alentours de Poitiers. Il était certain que les habitans de cette ville lui donneraient quelques pièces d'artillerie, si monsieur le duc lui envoyait l'ordre de les prendre. Il ajoutait que le prince de Condé n'avait que quatre mille hommes, dispersés dans cinq ou six bicoques situées aux environs de la Rochelle; qu'il se faisait fort de les surprendre, les unes après les autres, s'il était revêtu d'une dignité qui lui soumît les capitaines et les troupes catholiques qu'il rencontrerait pendant le cours de ses opérations.

M'y voilà, pensai-je. Si le duc succombe, ce qui n'est pas vraisemblable, la lettre de monseigneur au roi lui facilitera un accommodement avec le souverain, qui n'est pas nommé dans l'épître au duc, parce qu'il ne proclame encore ses ordonnances qu'au nom de Henri III. Cela n'est pas maladroit. Enfin, comme il est juste de se vendre le plus chèrement possible à un parti qui est intéressé à s'attacher tous les personnages d'un mérite reconnu, monseigneur demande le bâton de maréchal, et il l'aura.

Il me fit ensuite écrire à son fils. « Vous êtes, lui disais-je, d'un caractère » inquiet et turbulent, qui pourrait » bien vous conduire à l'échafaud : pre- » nez-y garde. Votre conduite actuelle » est dépourvue de sens commun. Vous » cherchez, m'a-t-on dit à Poitiers, en » vous mettant en opposition, on ne » sait avec qui, à établir en France une » paix sincère et durable. Insensé ! » vous voulez donc *qu'on vous envoie* » *planter des choux à Biron.* » Bien, me dis-je, l'homme se dévoile ici tout entier. « Votre belle-mère et moi vous » embrassons. »

Il me fallut le reste du jour pour transcrire ces missives avec les signes

que j'avais imaginés : j'étais obligé de m'arrêter à chaque lettre. Quand j'eus fini, monseigneur me dit : « Les grands
» auxquels je vous envoie, ne manque-
» ront pas de vous parler d'affaires de
» détail. Vous leur répondrez comme
» je le ferais, puisque vous connaissez
» parfaitement ma situation. Vous allez
» donc être revêtu d'un caractère pu-
» blic; vous serez une espèce d'ambas-
» sadeur, et je veux que vous vous pré-
» sentiez dans un équipage digne de
» moi. Votre blessure n'est rien; vous
» avez une voiture; on l'arrange con-
» venablement, et vous partirez aussi-
» tôt que vous serez habillé. J'ai prévu
» que vous ne consentiriez pas facile-
» ment à vous séparer de madame de
» la Moucherie; voilà pourquoi j'ai joint
» une couturière à un tailleur. — Hé!
» monseigneur, il ne m'a pas été pos-

» sible de leur arracher un mot. — Je
» le crois bien, ils ne savent pas en dire
» deux en français. — Ah ! — Le mari
» servait dans un régiment suisse, et sa
» femme était vivandière. Ils sont ve-
» nus ici, sans congé, après la bataille
» de Montcontour. Les femmes de la
» ville leur ont reconnu des talens, et
» des ouvriers, prônés par le beau sexe,
» deviennent bientôt des sujets impor-
» tans. Les robes de madame ont été
» chiffonnées dans ce bois où nous
» avons passé une nuit assez désagréable.
» Le suisse et la suissesse, les garçons
» tailleurs et les couturières de la ville,
» travaillent à les remettre en bon état.
» Le bas de ma maison en est encom-
» bré. Ils sont dirigés par Claire, qui
» ne sait pas un mot d'allemand. Elle
» leur parle avec les doigts et les yeux.
» On dit que cela est très-plaisant. —

» Hé, monseigneur, c'est ce que les
» Romains appelaient pantomime. —
» Panto... quoi? —Pantomime, mon-
» seigneur. — Apprenez l'allemand,
» monsieur. Il pourra vous être utile,
» et votre latin ne vous servira jamais
» à rien. — Le latin, monseigneur !
» la langue d'Horace, de Virgile,
» d'Ovide ! — Que ne leur joignez-
» vous Homère, Sophocle, Euripide?
» —Monseigneur, ces trois écrivains
» étaient Grecs. —Mais ils étaient nés
» à Rome. —En Grèce, monseigneur.
» — Je vous dis qu'ils étaient Romains,
» et quand je vous dis quelque chose,
» monsieur, j'entends, je veux que ce
» que je vous dis soit vrai. N'oubliez
» pas que je suis Biron, et que vous
» n'êtes que le frère Antoine. Allez
» faire l'amour à votre femme. »

Je m'enfermai avec Colombe, et je

lui racontai tout ce qui venait de se passer entre monseigneur et moi. Elle avait beaucoup de bon sens, et jugea comme moi des motifs politiques qui dirigeaient le baron. Elle rit beaucoup de la scène sur les Grecs et les Romains, quand je la lui eus fait comprendre. Tout à coup elle reprit son sérieux. « Mon cher Antoine, me dit-
» elle, il est dangereux d'avoir raison
» avec ses supérieurs, quand ils ne
» veulent absolument pas avoir tort.
» Tu as blessé l'amour-propre de mon-
» seigneur, et la religion ne défend pas
» de ménager ceux dont on a besoin.
» Il faut réparer ta faute. — Oui, mais
» comment? — Je n'en sais rien. — Ni
» moi. — Réfléchissons, cherchons. —
» M'y voilà, m'y voilà. »

Je cours, je me fais annoncer. « Mon-
» seigneur, ma mémoire m'est ordinai-

» rement très-fidèle ; mais elle m'a trahi
» dans une occasion importante. J'ai
» osé vous contester des faits que je me
» rappelle parfaitement en ce moment.
» C'est à Rome, en effet, qu'Homère,
» Sophocle et Euripide ont écrit leurs
» plus beaux ouvrages... sous le con-
» sulat de Scipion l'Africain. — Ah,
» ah, ah, ah ! Voilà les jeunes gens. Ils
» veulent tout savoir. — J'espère que
» Monseigneur ne me retirera pas sa
» protection..... — Pour une faute in-
» volontaire? jamais, et pour vous le
» prouver, je vous retiens à souper
» avec moi. » Je restai persuadé que le
baron avait entendu parler vaguement
de littérature ; qu'occupé d'affaires im-
portantes, il ne s'était attaché ni aux
noms, ni aux lieux, ni aux époques ;
qu'il avait tout confondu, et qu'il
croyait fermement ce qu'il avait si vi-

vement soutenu. Il fallait que je m'en tinsse à cette idée, ou que je ne visse en lui qu'un homme ridicule et entêté. Il était persévérant dans les plans qu'il avait adoptés ; mais jamais une absurdité ne s'échappa de sa bouche.

Un repas est toujours gai, quand les convives sont satisfaits du présent, et comptent sur un avenir heureux. Les domestiques allaient, venaient ; ce n'était pas le moment de parler d'affaires politiques. Poussanville était l'homme de toutes les circonstances ; il s'abandonna à ses saillies, et il eut souvent le bonheur de faire sourire le patron et madame. Il se mit à conter, et il contait bien. Il mit en scène quelques héros de l'antiquité qui avaient eu des travers et des faiblesses. Il soutint qu'Achille, tant vanté par Homère, n'était qu'un lâche, puisqu'il était in-

vulnérable. « A propos d'Homère, lui
» dit le baron, savez-vous, vous qui
» êtes si savant, à quelle époque Ho-
» mère, Sophocle et Euripide écri-
» vaient à Rome ? — A Rome, Mon-
» seigneur ! » Je me crus perdu sans
ressource. Fort heureusement, Poussanville était placé à côté de moi. Je
lui pressai le pied, avec le mien, de
manière à le faire crier. Il s'arrêta, la
bouche ouverte, et ses grands yeux se
portaient alternativement sur le baron
et sur moi. « Hé bien, mon cher Pous-
» sanville, vous êtes embarrassé? —
» Très-embarrassé, Monseigneur. —
» Ces beaux esprits là, Monsieur, écri-
» vaient à Rome sous le consulat de
» Scipion l'Africain. » L'aide-de-camp
continuait à regarder le patron et moi.
Je lui appliquai un vigoureux coup de
talon sur le pied. Il me comprit enfin,

et se tira d'affaire en courtisan. « On
» apprend toujours quelque chose au-
» près de vous, Monseigneur, dit-il en
» s'inclinant profondément. » Il est
constant qu'une réponse aussi générale
ne pouvait le compromettre.

On quitta la table, et il me suivit
jusque dans ma chambre. Il me demanda l'explication des niaiseries qui
avaient terminé la conversation. Je la
lui donnai, et il rit aux éclats. « Ta
» femme, me dit-il, manque totale-
» ment d'instruction; mais elle possède
» ce qui est bien plus utile dans le
» monde, et surtout dans les guerres
» civiles, du bon sens et du jugement.
» Consulte-la avant que d'agir. » J'ai
dit qu'il avait toujours l'esprit du moment. Il me demanda si le baron parlait de lui dans sa lettre au duc de Guise.
Je lui répondis que non. «Je vois clair,

» mon cher Antoine. M. le baron ne
» peut se passer de moi, et comme il
» n'y a pas de grade militaire sans fonc-
» tions, il ne dira pas un mot pour mon
» avancement. Je m'en occuperai, moi.
» Je te donnerai une lettre pour le duc.
» Il t'interrogera, et tu ne seras pas
» embarrassé pour lui répondre, parce
» que je ne lui écrirai que la vérité. Bon
» soir. »

Le lendemain matin un grand nombre d'hommes mal armés s'arrêta aux portes de la ville. On leur en refusa l'entrée, par une raison très-simple : ils étaient nviron deux mille.

Le prince de Condé avait eu la fantaisie de faire une incursion jusqu'à Lusignan. Il avait enlevé aux habitans le peu que nous leur avions laissé. Il avait pris jusqu'à leur linge, pour panser, disait-il, ses blessés. Les vieillards, les femmes, les enfans, étaient dans le plus affreux dénuement. Les hommes, les jeunes gens étaient accourus à Poitiers, la rage dans le cœur, et ils demandaient à grands cris du pain et des mousquets.

Il n'y avait que deux partis à prendre. Il fallait leur casser les reins à coups de canon, ou leur distribuer les vivres, qui, pendant quatre jours encore, devaient nourrir nos cinq cents hommes, Monseigneur n'était pas homme à faire canonner deux mille soldats qui devaient se ranger sous ses drapeaux. Poussanville fit faire une distribution à ceux de nos gens qui étaient dans la ville. Le reste fut chargé sur nos charrettes, et conduit sur les glacis de la place.

Poussanville mit en ordre les deux mille arrivans, et leur distribua jusqu'au dernier tonneau de vin. Cela suffisait pour le moment; mais il fallait pourvoir aux besoins, qui ne tarderaient pas à renaître. Les habitans de Poitiers prévoyaient que la famine exaspérerait bientôt les hommes qui étaient dans la ville, et ceux à qui ils en défendaient l'entrée. Ils avaient des magasins bien fournis; mais ils entendaient ne partager leurs provisions avec personne. Leur commandant fit battre la générale.

Six mille hommes se forment dans l'instant en compagnies, en bataillons. Des chaînes sont tendues dans les rues; deux mille hommes cernent nos cinq cents soldats ; ils traînent avec eux six pièces de canon, chargées à mitraille. Des patrouilles nombreuses parcourent la ville dans tous les sens. Les canonniers sont sur les remparts, près de leurs pièces; les mèches sont allumées.

« Poussanville, qu'allons-nous faire?
» — Monseigneur, un général tel que
» vous se tire toujours d'un mauvais
» pas. »

L'aide de camp aborde le commandant général, d'un air riant. « Pour-
» quoi tant de bruit, lui demanda-t-il?
» Croyez-vous que nous voulions vivre
» aux dépens de braves gens qui nous
» ont reçus comme amis? Je vais sortir
» avec mes cinq cents hommes, et je
» laisse, à votre loyauté, à vos soins,
» mon général et son épouse. Je ne vous
» demande qu'une chose : si les deux
» mille hommes, qui sont sur les gla-
» cis, tentent de se débander, forcez-
» les, à grands coups de canon, à re-
» prendre leurs rangs. »

Le commandant de Poitiers n'avait

rien à répondre à ces paroles. Poussanville sortit avec ses cinq cents hommes, et le calme se rétablit dans la ville.

Il déclara à ceux qui étaient dehors, que, s'ils faisaient le moindre mouvement, l'artillerie des remparts les écraserait. Il leur promit qu'avant la fin du jour il leur apporterait des provisions et des armes. Il part avec ses cinq cents hommes, trente charrettes attelées, et il se jette sur la route de Châtellerault. Aucun parti protestant n'avait encore paru jusque là.

Il était six heures du soir, et Poussanville ne paraissait pas. Nos recrues de Lusignan murmuraient, criaient, mais n'osaient faire un mouvement. Monseigneur était trop brave pour rester enfermé dans une place, dont l'accès était interdit à ses soldats. Il sort; je le suis. « Bien, très-bien, me dit-il, en souriant. Je vois que je peux vous employer de toutes les manières. »

Le baron parla aux troupes avec une bienveillance mêlée de fermeté. Il ne pouvait invoquer les principes religieux à l'égard de gens que nous avions commencé à ruiner. Il leur représenta que la misère leur imposait la nécessité d'être soldats ; il leur conseilla de se résigner, et il promit de l'avancement à ceux qui se conduiraient bien. Tout cela était bel et bon, mais il fallait souper. « Je partagerai vos » privations, leur dit monseigneur, je » reste au milieu de vous, je ne vous » quitte plus. Mais, pourquoi ne pas » espérer? M. de Poussanville va pa- » raître, et notre sort changera. » Monseigneur cherchait à faire naître des espérances, que lui-même il n'avait plus.

Un certain bruit confus se fit entendre dans le lointain. Chacun prête une oreille attentive. Bientôt on croit reconnaître le son des tambours. « Le » voilà, s'écria le baron. Le voilà, » criai-je, à me briser la poitrine. » Monseigneur ne savait encore si la troupe qui s'approchait était commandée par le prince de Condé, ou par Poussanville. Il mit ses deux mille hommes sous le canon de la place, et il attendit les événemens.

Il pensa bientôt qu'il n'était pas possible que Condé vînt avec une poignée de soldats, s'exposer à périr sous les murs de Poitiers. Il fut le premier à rire des dispositions qu'il avait faites, et bientôt Poussanville prit le grand galop, et arriva auprès de son général. « Monseigneur, lui dit-il, on fait tou- » jours de bonnes affaires, quand on

» parcourt un rayon de quelques lieues,
» dans un pays vierge encore. » En effet,
on n'avait pas encore tiré un coup de
fusil dans le haut Poitou et dans la Touraine. Mais on s'armait partout.

Poussanville avait parcouru les villages situés entre Poitiers et Châtellerault. Les notables de chaque commune avaient fait des amas d'armes et
de vivres. Ils n'attendaient qu'un ordre
du duc de Guise pour s'enfermer dans
Châtellerault et dans Tours. Poussanville n'eut que la peine de prendre.
Partout il employait ses argumens ordinaires, qui ne persuadaient personne;
mais ils étaient appuyés par cinq cents
hommes bien armés.

Il amenait quatre-vingts charrettes
ou charriots, traînés par des chevaux,
des mulets et des ânes. Tout cela était
plein de biscuit, de farine, de viandes

salées, de barriques de vin, et de caisses d'armes. Un troupeau de cent vingt bœufs marchait en tête du convoi, et le baron n'avait pas encore dépensé un écu.

Il embrassa son aide-de-camp, à plusieurs reprises, avec une vivacité, une chaleur qui annonçaient les sentimens de la plus tendre affection, et de la plus profonde reconnaissance. « J'ai pensé,
» lui dit-il, à demander pour vous un
» régiment au duc de Guise; mais vous
» voyez, mon cher, mon meilleur ami,
» que je ne peux me séparer de vous;
» vous êtes réellement mon bras droit.
» — Je n'ai fait que mon devoir; mais
» puisque monseigneur me fait l'hon-
» neur de me vouloir du bien, qu'il
» me fasse nommer officier-général,
» employé sous ses ordres. — Je n'y
» pensais pas. Oui, morbleu, tu seras

» maréchal-de-camp, ou je ne m'ap-
» pelle pas Biron. »

On buvait, on mangeait autour de nous; des chants joyeux avaient succédé aux plaintes, aux murmures. Poussanville déclara qu'il resterait avec les soldats de Lusignan, pour les armer et maintenir le bon ordre. Nous marchâmes vers la ville, monseigneur et moi. Nous étions suivis de nos cinq cents hommes d'élite. On nous reçut tous les deux; mais on baissa la herse devant nos soldats. « Ces gens là sont » bien défians, me dit le baron. — Hé, » Monseigneur, croyez-vous qu'ils aient » tort? »

Nous rentrâmes à notre logement, et le premier soin de M. de Biron fut de me faire ouvrir mes dépêches. Il me dicta l'éloge le plus pompeux de Poussanville, qui, brigandage à part, le méritait bien. Il demanda pour lui le grade d'officier général, avec des instances qui ne permettraient pas au duc de Guise de le refuser. Que lui importait, d'ailleurs, qu'il y eût un maréchal-de-camp de plus ou de moins dans les armées de la ligue?

« Quelle guerre, quels hommes, quelle » duplicité, me disait Colombe! faut-il » que nous soyons irrévocablement at- » tachés à de tels êtres! mon cher An- » toine, sanctifions notre vie par la prière » et par l'amour conjugal. — Oh, oui, » ma Colombe. » Et nous priâmes, et..

Le lendemain, mon silencieux tailleur, sa femme et quelques garçons se présentèrent avec des vêtemens d'une richesse éblouissante. Monseigneur n'en portait pas d'aussi beaux; à la vérité, il s'appelait Biron.

Avec quel plaisir je regardais mon

tailleur me dépouiller de l'habit rapé de mon père, m'essayer des hauts-de-chausses, une trousse, un pourpoint, un manteau court, faits des étoffes les plus riches, et de couleurs variées. Une toque de velours noir, ornée d'une plume blanche qui me tombait sur l'oreille, acheva de me tourner la tête. Oh, non, non, je n'étais plus le petit frère Antoine; j'étais réellement M. de la Moucherie.

Le tailleur sortit, et sa femme s'occupa de Colombe. L'art, dit-on, n'ajoute rien à la beauté. Cette idée est fausse, de toute fausseté. Les grâces, les amours, semblaient accourir, et se cacher dans les plis de la robe de Colombe, sous son corset, dans sa fraise, dans les crochets de ses cheveux. Elle se regardait dans un petit miroir d'acier qui se trouva sous sa main; elle était dans l'enchantement. Je regardais, je dévorais des yeux madame de la Moucherie.

« Il faut avouer, me dit-elle, quand
» nous fûmes seuls, que monseigneur
» a réellement de grandes qualités. —
» Il en a d'admirables, ma Colombe.
» — Il pille un peu; mais c'est pour
» la bonne cause. Il est écrit : mangez
» ce que vous *trouverez*. — Et il est évi-
». dent que Poussanville a *trouvé* tout
» ce qu'il a amené hier. »

Nous voulûmes jouir de notre métamorphose; cela était tout simple. Colombe était femme, et je n'avais que vingt ans. Nous rencontrâmes dans les escaliers monseigneur et Poussanville. Ils s'arrêtèrent, et nous mesurèrent des yeux. « Qu'ils sont bien ! dit le baron. » Et nous rougîmes, moi de plaisir, et Colombe de pudeur. « M. de la Mou-

» cherie, vous verrez le roi, et vous
» pourriez remplacer Livarot, qui,
» sans doute, est allé se rendre au
» prince de Condé pour mettre sa jolie
» figure à l'abri des accidens. »

Je ne compris rien à ce que me disait monseigneur. Ah, pensais-je, il a quelquefois un style entortillé. Les grands politiques ont intérêt à ne pas se laisser pénétrer, et ils contractent l'habitude de s'exprimer énigmatiquement.

Nous parcourûmes toutes les rues de la ville, et un murmure d'approbation ne cessait de flatter notre oreille. « Il est seulement fâcheux, dit un
» homme à un autre, qu'elle manque
» de moëlleux dans les mouvemens.
» Elle a les hanches et les genoux an-
» kilosès; mais elle est jeune, et cela
» pourra se dissiper. » Je regardai Co-

lombe. Elle était droite, et roide comme un piquet. « Ma chère amie,
» lui dis-je, sois toujours, dans ta
» marche au moins, la charmante
» petite fille qui décorait de fleurs l'ora-
» toire de madame. Le joli garçon ! di-
» rent des femmes, qui nous atten-
» daient au coin d'une rue. — Oui,
» mais comme il est gêné dans ses ha-
» bits ! On voit bien qu'il n'a pas l'ha-
» bitude de les porter. Mon cher ami,
» me dit Colombe, d'un petit air pi-
» qué, sois toujours, dans ta marche
» au moins, ce joli petit frère Antoine,
» qui n'eut besoin que de paraître pour
» se faire aimer. »

Un éclat de rire partit derrière nous. C'était Poussanville. « Vous ne vous
» apercevez donc pas qu'on se moque
» de vous. Des habits sont faits pour
» servir et être usés. Après ceux-là,

» vous en mettrez d'autres. Le tailleur
» et la couturière vont déposer dans
» votre chambre ce qui constitue une
» garde-robe complète.

» Retournez chez le baron. Nous
» allons sortir de la ville. M. Perrier,
» épicier en gros, commandant la force
» armée à Poitiers, a interdit l'entrée
» de la ville à nos cinq cents hommes.
» Il pourrait très-bien finir par *emprun-*
» *ter* au baron ses quatre-vingt-dix
» mille livres. Je vais moi, lui *emprunter*,
» ou lui acheter des effets de campe-
» mens dont il n'a pas besoin. Madame
» la baronne ne peut ni se confiner
» dans sa coche, ni être exposée à la
» pluie, ou au soleil. »

Nous retournâmes sur nos pas, et nous marchâmes avec la plus grande aisance : des habits de rechange nous attendaient chez nous. Je tournais la tête, de tems en tems, pour juger de l'effet nouveau que nous devions produire. Je vis un jésuite aborder Poussanville d'un air mielleux. C'est singulier, pensai-je, il y a des jésuites partout, et je n'ai encore aperçu que celui-ci, depuis que nous sommes sortis de la Rochelle.

Nous rentrâmes chez nous. « Mon » ami, me dit Colombe, n'oublions » pas, auprès de nos supérieurs, ce » que nous avons été. Allons leur offrir » nos services. » Ce conseil était très-bon, et je le suivis avec empressement. On n'avait pas besoin de nous; mais cet acte de modestie et de déférence parut plaire beaucoup à monseigneur et à madame.

Tout était en mouvement. Les domestiques, les femmes, refaisaient les malles, les valises, les paquets. « C'était bien la peine, chuchottaient-ils, de défaire tout cela pour si peu de temps. » Je savais le fin mot. Je me gardai bien de le leur dire. Nous allâmes faire, de notre côté, nos dispositions de départ.

Poussanville revint. Perrier ne donnait rien. Il avait fallu lui acheter, fort cher, six tentes, avec leurs accessoires. L'aide-de-camp venait prendre de l'argent et un fourgon.

Les effets de Colombe et les miens étaient descendus, et placés avec le gros des équipages. Mon premier penchant se reproduisait toujours, quand j'étais désœuvré, et je ne pouvais toujours faire l'amour à ma femme. Je descendis, je montai, j'allai, je vins ; j'observai, j'écoutai tout. Je ne vis, je n'entendis rien de nouveau : je connaissais tous mes personnages, leurs secrets, leurs principes, leurs inclinations. Mais quand Poussanville rentra, je l'abordai avec empressement. Il était tout simple que je susse ce que lui voulait le jésuite qui l'avait abordé dans la rue. « Nous parlerons de cela, j'en par- » lerai au baron, quand la caisse sera » en sûreté. »

Bientôt les ponts-levis de la place s'abaissèrent devant nous. Nous en sortîmes, sans que les habitans nous marquassent ni satisfaction, ni regret. Perrier pouvait avoir une arrière-pensée, et le baron jugea à propos de se mettre hors de la portée du canon des remparts. Poussanville mit les troupes en mouvement, et nous allâmes camper à une lieue de la ville. « Eh bien ! » ton jésuite ? Que t'a-t-il dit ? Où vou- » lait-il t'amener ? — Viens avec moi. »

Nous nous plaçâmes auprès du ba-

ron, qui était assis sur l'herbe. « Mon-
» seigneur, on ne peut pas toujours
» être en mouvement. Un peu de re-
» pos est nécessaire, et une historiette
» le rend quelquefois agréable.

» J'ai rencontré près de la grande
» place, un jésuite qui paraissait ne res-
» pirer que l'humilité. Il venait à moi,
» et me regardait d'un air qu'il croyait
» très-pieux, et que j'ai trouvé ridicule,
» parce qu'il était affecté. Il me semblait
» voir un loup couvert d'une peau
» d'agneau. Mon homme était embar-
» rassé. Il a débuté par des roulemens
» d'yeux, des soupirs, et même des
» hocquets : il me prenait pour un sot.
» Il étudiait ses mots; il les cherchait,
» et ne me disait par conséquent que
» des choses insignifiantes. Au fait, lui
» ai-je dit. Pourquoi les révérends pères
» jésuites ne se sont-ils pas trouvés à la

» cathédrale avec les autres moines de
» Poitiers? pourquoi aucun de vous
» n'est-il sorti de son couvent, depuis
» que nous sommes dans cette ville?
» je vous le dirai, si vous le voulez. Il
» m'a répondu avec componction, que
» la règle de son ordre ne permet pas
» ces éclats, ces sermons ambitieux,
» ouvrage de l'orgueil, et quelquefois de
» la cupidité.—Ce n'est pas cela, mon
» père, ce n'est pas cela. — Nous res-
» tons chez nous, et nous prions pour
» nos amis et nos ennemis. —Père, vos
» amis sont ceux qui vous sont soumis;
» vos ennemis sont ceux qui vous
» jugent, et qui veulent vous arrêter
» dans votre marche tortueuse. Vous
» désirez que les catholiques soient
» vainqueurs, parceque leur triomphe
» assurera votre crédit et vos dotations.
» Mais le succès est encore incertain,

» et vous attendez plus que des pro-
» babilités pour vous déclarer ouverte-
» ment. En attendant, vous poussez
» dans les chaires et les confessionaux
» ces moinillons, qui ne sont propres
» qu'à souffler un fanatisme aveugle,
» et si la ligue succombe, les protestans
» ne pourront vous reprocher aucun
» acte, aucune démarche hostile. Voilà,
» n'est-ce pas, la véritable règle de votre
» ordre. Allons, jetez votre masque :
» nous sommes seuls; je ne peux vous
» compromettre.

» Un changement subit s'est opéré
» dans son ton, ses gestes, et sur sa
» physionomie. Vous avez de l'esprit et
» du jugement, m'a-t-il dit. On me
» l'avait assuré, et je vois qu'on ne m'a
» pas trompé. Me voici où je voulais
» venir, car je vous ai abordé pour
» quelque chose. Une balle de mous-

» quet tue un homme de mérite,
» comme un manant. Faites-vous jé-
» suite. Dans quelques années, vous
» serez provincial de France, et vous
» n'aurez au dessus de vous que notre
» général et le pape, à qui nous obéis-
» sons exclusivement. Qu'est-ce qu'un
» roi, comparé à un jésuite? nous lui
» accordons des marques extérieures
» de respect, quand il suit la route que
» nous lui avons tracée ; nous savons
» nous en défaire, quand il se met en
» opposition avec nous. — Père, je
» combats mes ennemis à force ouverte;
» je ne connais ni le poignard, ni le
» poison.—Ah, vous avez des scru-
» pules!—Je suis honnête homme.—
» C'est votre dernier mot?—Absolu-
» ment.—Parlons d'autre chose.

» La ligue s'étend de province en
» province.—Qui vous l'a dit, mon

» père? — Avec l'air de tout ignorer,
» nous sommes instruits de tout. Bien-
» tôt le duc de Guise aura des armées
» sous ses ordres; mais le roi Henri de
» Navarre est brave comme lui; géné-
» ral consommé comme lui; noble et
» généreux comme lui. Il a comme lui,
» l'art de gagner tous les esprits. Il s'at-
» tache les catholiques mêmes, du midi
» de la France, par sa tolérance et sa
» bonté. Nous faisons répandre partout
» qu'il est l'ennemi le plus dangereux
» de la religion. Nous excitons contre
» lui toutes les haines, parce qu'il faut
» que d'une manière ou d'autre, nous
» en soyons débarrassés.—Père, vos
» projets sont ceux d'un lâche, d'un
» infâme.—Vous prenez un masque à
» votre tour. Croyez-vous que je ne
» vous aie pas déjà pénétré? continuons
» à nous parler franchement. Vous

» voulez que Henri de Navarre vive,
» parce qu'il est l'âme de son parti, qui
» tomberait avec lui. Vous êtes ambi-
» tieux; vous voulez parvenir aux pre-
» mières places de l'armée, et vous
» sentez qu'une longue paix vous ferait
» retomber dans l'oubli dont vous
» commencez à peine à sortir. En quatre
» mots, voilà toute votre histoire. Je lui
» ai serré la main, je lui ai demandé son
» nom, et je lui ai tourné le dos.

» Hé comment s'appelle-t-il, de-
» manda monseigneur? — Il se nomme
» Guignard. — Ne l'oublions pas. Cet
» homme là est appelé à jouer un grand
» rôle, s'il n'est pas pendu. » Voici un moine, pensai-je, qui n'a d'un religieux que l'habit. Le père prieur des franciscains m'a parlé quand j'allais à la Rochelle comme un hérétique, une espèce de philosophe, et hier il a

prêché en véritable, en zélé catholique. A-t-il, comme le père Guignard, deux poids et deux mesures? ne suis-je pas moi-même entraîné tantôt vers mon patron, tantôt vers une gloriole qu'il méprisa pendant toute sa vie? quand rencontrerai-je donc un homme véritablement estimable?

Pendant toute la journée, il nous arriva des pelotons de recrues. C'étaient ceux à qui Poussanville avait tout enlevé. « Je vois, me dit Colombe, » que le moyen le plus sûr de trouver » des soldats est de ruiner le peuple. » Pauvre peuple! Et ces gens-ci crient » vive la Ligue, en demandant du » pain. » Ma Colombe se formait.

Il était clair que monseigneur allait avoir une armée, et qu'il ne tarderait pas à prendre l'offensive. Mais que fera-t-il de madame? Elle ne peut passer sa vie sous la tente, et une défaite la mettrait à la discrétion des huguenots. Le sort de Colombe allait devenir plus incertain encore. Nous partons demain, seuls, sans moyens de défense, sans savoir où chercher le duc de Guise. Il faudra errer à l'aventure. Si nous tombons dans un parti de huguenots, et même de catholiques, on remarquera Colombe, on m'attaquera. Je me ferai tuer sans doute; mais Colombe, Colombe !... cette idée est désespérante.

Ces réflexions venaient bien tard. Cependant, je les communiquai à Poussanville. « La première qualité d'un
» homme qui veut parvenir, me dit-il,
» est de ne jamais se défier de sa for-
» tune. La tienne t'a bien servi jusqu'à
» présent, pourquoi t'abandonnerait-
» elle ? — Pourquoi me serait-elle cons-

» tante? — Mon pauvre Antoine, tu
» n'avances qu'en tâtonnant : tu ne
» feras jamais rien. »

Il alla cependant faire part de mes observations au baron et à madame. Madame trouva que j'étais plein de bon sens. Elle déclara que depuis son entrée à la Rochelle, elle n'avait trouvé de ressource contre l'ennui que dans la prière; qu'elle était fatiguée de suivre des guerriers, avec qui elle n'aurait jamais de repos; que d'ailleurs, elle ne voulait pas s'exposer à des dangers de toute espèce, et sans cesse renaissans.

Quelle est la jeune femme, qui n'exerce pas un pouvoir absolu sur un mari de cinquante ans ? Monseigneur assura madame qu'il allait penser à la mettre en sûreté, et à lui procurer une résidence agréable; mais il ne savait à quelle idée s'arrêter. Tous les moyens qu'il voulait employer présentaient de graves inconvéniens, et, pour la première fois, la féconde imagination de Poussanville ne savait où se fixer.... Ah! oui, oui, il faut toujours croire à sa fortune.... Et à la vertu de sa mère et de sa femme.

Un de nos officiers nous amena un père capucin qui venait de Blois, et qui allait à Poitiers. C'était un émissaire du duc de Guise. Un capucin passe partout, à la faveur de sa robe de bure et de sa pauvreté. Celui-ci marchait, sa robe retroussée, la besace sur l'épaule, et un gros bâton à la main. Personne n'eût pu deviner, en lui, un agent du prince le plus fier de l'Europe. Poussanville commença par lui rire au nez. « Monsieur, lui dit le père Jean-Fran- » çois, on dédaigne la fourmi, et elle » est plus ingénieuse que bien des

» hommes, qui croient avoir beaucoup
» d'esprit. » M. l'aide-de-camp savait
réparer une faute. Il fit asseoir le bon
père, lui offrit des rafraîchissemens, et
le baron l'interrogea.

« Monseigneur le duc de Guise,
» qui est incontestablement un grand
» homme, puisqu'il protége les capu-
» cins, m'a ordonné de reconnaître la
» force de toutes les places, depuis Blois
» jusqu'aux avant-postes du prince de
» Condé. J'ai rempli jusqu'ici ma mis-
» sion avec beaucoup de bonheur,
» grâce à mon obscurité, et je n'irai
» pas plus loin, puisque je rencontre
» ici le grand général Biron et une ar-
» mée. J'obtiendrai de lui les rensei-
» gnemens qui me manquent encore.
» — Et où est le duc de Guise? — A
» Blois, Monseigneur. — A Blois ! Et
» que fait-il là ? — Vous ne savez donc

» rien, Monseigneur? — Oh, absolu-
» ment rien. — Le roi, la reine mère,
» et toute la cour sont dans cette ville.
» On va y ouvrir des États-généraux.
» — Ah, ah! Et le duc de Guise ne
» redoute pas cette assemblée? — Je
» crois, répondit le père, en souriant,
» qu'il pourrait bien avoir fait nommer
» le plus grand nombre des députés.
» Cela lui aura coûté cher ; mais les
» trésors du roi d'Espagne sont à sa dis-
» position. Il nomme à toutes les places,
» et vous sentez bien, Monseigneur,
» que des députés de son choix vote-
» ront selon ses vues. — Pas mal, pas
» mal, pour un capucin. — Le duc a
» étendu jusques sur moi sa bienfai-
» sance toute paternelle. Il me fera
» nommer gardien du premier couvent
» de notre ordre où cette dignité va-
» quera. — C'est trop juste, père Jean-

» François. — N'est-il pas vrai, Mon-
» seigneur ? » Encore un ambitieux
sous la bure, me dis-je!

Monseigneur me fit tirer mon écritoire de poche, et j'écrivis, sous la dictée de Poussanville, tout ce que sa révérence avait besoin de savoir.

Le baron avait pris son parti. Quatre de nos meilleurs chevaux étaient attelés à la coche de madame ; deux mulets l'étaient à ma modeste, mais élégante voiture. Vingt-cinq de nos meilleurs soldats arrangeaient des bâts pour leur tenir lieu de selles. Ce n'étaient que des chevaux de trait qu'ils allaient monter ; mais dans les circonstances difficiles, on se sert de ce qu'on a. « Si nous étions partis seuls, dis-je à
» Colombe, on n'aurait pas pensé à
» nous donner une escorte. »

« M. de la Moucherie, me dit le ba-

» ron, d'après le rapport du père ca-
» pucin, il paraît que les chemins sont
» libres d'ici à Blois. Cependant j'ai
» voulu pourvoir à votre sûreté. » A
ma sûreté ! « Vous allez partir, et
» vous vous chargerez de conduire ma-
» dame. Le comte de Montbason, mon
» ami intime, a sa terre près de Tours.
» Je ne présume pas qu'il soit dans son
» château. Cependant, vous y dépose-
» rez madame et sa suite, et vous con-
» tinuerez votre route sur Blois, avec
» ou sans madame de la Moucherie,
» selon que vous le jugerez à propos. »

Le père Jean-François s'approcha, les yeux baissés et les mains croisées sur la poitrine. « Monseigneur, il fal-
» lait que je me glissasse de Blois jus-
» qu'ici dans le plus grand incognito ;
» mais ne pourrais-je obtenir de votre
» Grandeur un cheval qui me repor-

» tera jusqu'à mon couvent? — Un
» cheval, mon révérend père! — Mon-
» seigneur, S. François peut aller à
» cheval, puisque S. Pierre va en ca-
» rosse. — C'est juste, c'est très-juste.
» Il est toujours permis de penser à soi.
» Qu'on donne un mulet à sa Révé-
» rence. »

FIN DU PREMIER VOLUME.

TABLE

DES CHAPITRES CONTENUS DANS LE PREMIER VOLUME.

Avis au lecteur, Introduction, Préface, ce que l'on voudra, et ce qui aura le mérite d'être court 1

Chap. I.er Mon héros entre en scène. . 3

Chap. II. Antoine la Mouche continue son voyage. 33

Chap. III. Entrée d'Antoine la Mouche à la Rochelle 61

Chap. IV. Antoine la Mouche et Colombe sortent de la Rochelle. . . 120

Chap. V. Désespoir et consolation de M. de la Moucherie. 163

Chap. VI. M. de la Moucherie est ambassadeur 216

www.ingramcontent.com/pod-product-compliance
Lightning Source LLC
Chambersburg PA
CBHW050327170426
43200CB00009BA/1491